数字化对高新技术产业创新投入的影响

周 杰 著

中国商业出版社

图书在版编目(CIP)数据

数字化对高新技术产业创新投入的影响 / 周杰著. 北京 ：中国商业出版社，2024. 8. -- ISBN 978-7-5208-3114-7

Ⅰ. F279.244.4

中国国家版本馆 CIP 数据核字第 2024XW8531 号

责任编辑:朱丽丽

中国商业出版社出版发行

(www.zgsycb.com　100053　北京广安门内报国寺 1 号)

总编室:010－63180647　编辑室:010－63033100

发行部:010－83120835/8286

新华书店经销

北京虎彩文化传播有限公司印刷

*

787 毫米×1092 毫米　16 开　8.75 印张　152 千字

2024 年 8 月第 1 版　2024 年 8 月第 1 次印刷

定价:45.00 元

* * * *

(如有印装质量问题可更换)

前　言

随着信息技术的飞速发展，数字化已成为推动全球经济转型和产业升级的重要驱动力。在高新技术领域，数字化不仅深刻改变了企业的生产方式和业务流程，还对产业的创新投入产生了深远的影响。在数字化时代，产业创新投入不再局限于传统的研发经费、人力资源等要素，而是涵盖了数据资产、数字平台、生态系统等多个方面。数字化技术的应用使高新技术产业创新过程更加高效、精准和协同，对于提升产业创新能力和核心竞争力具有重要意义。因此，研究数字化对高新技术产业创新投入具有重要作用。

本书从高新技术产业概述入手，对高新技术产业数字化基础建设进行了探究和讨论，并分析了数字化对高新技术产业研发投入、资金投入及创新人才投入的影响。希望通过本书的介绍，能够为读者在数字化对高新技术产业创新投入的影响研究方面提供参考和借鉴。

本书主要汇集了笔者在工作、实践中取得的一些研究成果。在撰写过程中，笔者参阅了相关文献资料，在此，谨向其作者表示深深的感谢。

由于笔者水平有限，加之时间仓促，书中难免会存在一些不足和疏漏之处，敬请广大读者批评指正。

周　杰

2024 年 7 月

目　录

第一章　高新技术产业概述

第一节　高新技术产业的概念

一、高新技术产业的界定

(一)定义理解

高新技术产业是以高新技术为基础、以创新为驱动力的战略性新兴产业，是国家经济发展和科技进步的重要引擎。准确界定高新技术产业的内涵和外延，对于制定产业发展政策、引导社会资源配置具有重要的意义。

从内涵上来看，高新技术产业具有知识密集、技术先进、高投入、高风险、高附加值等鲜明的特征。一方面，高新技术产业以新兴技术为核心驱动力，涉及信息技术、生物技术、新材料、新能源等诸多的尖端领域，它代表了当今科技发展的前沿方向。这些技术通常处于研发或者产业化的初期阶段，技术更新速度快，对研发人员的知识结构和创新能力的要求较高。另一方面，高新技术产业投资规模大、研发周期长、市场风险高，需要大量的资金投入和人才支撑。一旦技术研发成功并实现产业化，其经济效益和社会效益往往十分显著，能够创造出较高的附加值。

从外延上看，高新技术产业涵盖了新一代信息技术、高端装备制造、新材料、生物医药、新能源汽车、节能环保、数字创意等多个战略性新兴产业。这些产业在国民经济中占据着越来越重要的地位，对推动产业结构优化升级、培育发展新动能起到了关键作用。以新一代信息技术产业为例，其聚焦于人工智能、大数据、云计算、物联网等新兴技术领域，不仅自身发展迅速，通过与传统产业的深度融合，更促进了工业、农业、服务业等行业的数字化、网络化、智能化转型，成为引领新一轮科技革命和产业变革的重要力量。

需要特别指出的是，高新技术产业与传统产业并非泾渭分明，而是两者相互渗透、相互促进。一方面，高新技术为传统产业注入了新的活力，推动其转型升级。如信息技术与制造业融合，催生了智能制造新模式；生物技术在农业领域的应用，促进了现代农业的发展。另一方面，传统产业为高新技术产业提供了现实土壤和应用场景，助力其加速产业化进程。例如，新能源汽车的发展离不开传统汽车制造业的支撑；新材料研发也需要在冶金、化工等传统领域进行应用验证。

（二）影响因素

1.内生动力

高新技术产业的发展离不开持续的科技创新。科技创新是高新技术产业的灵魂和生命线，只有不断突破核心技术，开发出具有自主知识产权的新产品、新工艺、新业态，才能保持高新技术产业的创新活力和市场竞争力。同时，高新技术产业发展还需要得力的人才支撑。一支数量庞大、结构合理、素质优良的高新技术人才队伍，是推动产业创新发展的关键所在。此外，良好的创新创业生态环境也是高新技术产业发展的重要推手。完善的创新创业政策体系、便捷高效的技术转移机制、多元化的投融资渠道等，都有助于营造鼓励创新、包容失败的社会氛围，从而激发高新技术产业的内生动力。

2.外部条件

高新技术产业的发展离不开政府的政策扶持。科学合理的产业规划、持续稳定的财政投入、精准有效的税收优惠等，都是政府支持高新技术产业发展的重要措施。同时，高新技术产业发展还需要完善的基础设施和公共服务体系作为支撑。现代化的科研院所、高水平的大学、功能完善的科技园区等，为高新技术产业集聚发展提供了优质的物质条件和智力支持。此外，开放包容的国际环境也是高新技术产业发展的重要外部条件。积极参与全球科技创新合作，主动融入全球产业分工体系，借鉴吸收国外先进技术和管理经验，均有助于加快高新技术产业"走出去"的步伐，提升国际竞争力。

二、发展高新技术产业的意义

（一）推动国家经济增长

从宏观层面看，高新技术产业以其高投入、高产出、高附加值的特点，成为国民经济中最具活力和潜力的增长点。一方面，高新技术产业研发投入大，技术更新速度快，带动了基础研究和应用研究的发展，为整个国家的科技进步提供了强大动力；另一方面，高新技术产业有着广阔的市场前景，产品附加值高，能够创造可观的经济效益，对 GDP 的增长贡献率明显高于其他产业。

从中观层面看，高新技术产业是引领产业结构调整和升级的重要力量。传统产业以劳动密集型和资源密集型为主，在全球化背景下面临着成本上升、资源约束趋紧等问题。高新技术产业以创新为驱动，通过不断开发新技术、新产品、新业态，推动产业价值链向中高端攀升，带动相关产业实现转型升级。同时，高新技术产业还能够辐射和带动传统产业，通过技术渗透和产业融合，改造传统产业，使传统产业焕发出新的生机与活力。

从微观层面看，高新技术产业能够创造大量高质量就业岗位，为劳动力市场注入新的活力。相比传统产业，高新技术产业对从业人员的知识水平、创新能力提出了更高要求，因而能够吸纳更多高素质人才，提供更加体面和有尊严的工作。同时，高新技术产业的发展也为"大众创业、万众创新"提供了广阔的舞台，众多科技型中小企业应运而生，它们成为吸纳就业和培育人才的重要载体。

当前，我国高新技术产业发展态势良好，呈现出总量规模不断扩大、结构布局日益优化、创新能力明显增强的特点。一批具有国际竞争力的创新型企业脱颖而出，在新一代信息技术、生物医药、新能源、新材料等战略性新兴产业领域取得了一系列原创性突破。这些创新成果加快了产业化和规模化进程，有力地促进我国经济高质量发展。

展望未来，高新技术产业仍将是推动我国经济发展的重要引擎。随着新一轮科技革命和产业变革的深入推进，高新技术产业将不断向纵深发展，催生出更多新技术、新产品、新业态、新模式。这就要求我们进一步完善创新生态系统，加大研发投入力度，健全产学研用协同创新机制，加快科技成果转化应用，为高新技术产业发展营造良好环境。只有抢抓新一轮科技革命和产业变革的重大机遇，加快高新技术产业发展，我国才能在激烈的国际竞争中赢得主动、赢得优势、赢得未来。

（二）引领社会进步

高新技术产业的发展不仅推动了经济增长，更深刻影响着社会生活的各个方面。随着新一轮科技革命和产业变革的加速演进，高新技术产业已经成为引领社会进步的重要力量。它通过技术创新和产业升级，为人们提供了更加优质、高效、便捷的产品和服务，极大地改善了人们的生活品质。同时，高新技术产业的发展也带动了就业结构的优化，创造了大量高质量就业岗位，为劳动者提供了更加广阔的发展空间和施展才华的舞台。

从教育的视角来看，高新技术产业的发展对人才培养提出了新要求。为了适应产业发展需求，教育体系必须加快改革创新步伐，优化学科专业设置，更新教学内容和方法。高等教育要加强与产业界的合作，建立产教融合、校企联合的人才培养机制，培养具有创新精神、实践能力和国际视野的高素质人才。职业教育要突出技能培养，促进工学结合、知行合一，培养大批高水平技术技能人才，这种教育范式的变革将为高新技术产业发展提供源源不断的智力支持和人才储备。

从科技创新的角度来看，高新技术产业是科技成果转化的主战场。它以前沿科技为引领，不断突破关键核心技术，推动科技创新成果的产业化、商业化，形成新技术、新产品、新业态、新模式。这一过程不仅加速了科技进步的步伐，也为科研人员提供了施展才智、实现价值的广阔空间。高新技术产业的发展壮大，将进一步激发全社会的创新热情和创造活力，营造崇尚创新、鼓励创业的良好氛围。

从生态文明的角度来看，高新技术产业是建设美丽中国的重要支撑。随着人们生态环保意识的增强，绿色发展已成为社会共识。高新技术产业通过发展节能环保技术、清洁生产工艺，大力发展循环经济，促进资源节约集约利用，走出一条生态友好型发展新路。同时，高新技术产业在智慧城市、智能交通等领域的应用，也为改善城市环境、缓解交通拥堵提供了新的解决方案。高新技术产业的绿色化发展，将创造人与自然和谐共生的美好未来。

从文化建设的角度来看，高新技术产业是提升国家文化软实力的重要载体。在互联网、大数据、人工智能等新技术的推动下，文化产业也焕发出勃勃生机。数字出版、网络视听、数字博物馆等新业态不断涌现，极大地丰富了人们的精神文化生活。同时，一批民族文化产业龙头企业加快“走出去”的步伐，讲好中国故事，传播中国声音，展示了中华文化的独特魅力。高新技术产业与文化产业的深度融合，必将增强中华文化的国际影响力和竞争力。

（三）推动科技创新

高新技术产业是将前沿科学理论转化为现实生产力的桥梁和纽带。高新技术产业通过不断吸收和应用最新科研成果，推动了科学技术在各领域的广泛渗透和深度融合，使科技创新成果能够更快速、更高效地转化为生产工具和生活用品，服务于经济社会发展。同时，高新技术产业也为科技创新提供了广阔的舞台和持续的动力，加速了科技成果的产业化进程。

高新技术产业引领了新一轮科技革命和产业变革。信息技术、生物技术、新材料技术、新能源技术等一系列高新技术的突破和发展，深刻改变了传统产业的面貌，催生了一批新兴产业，重塑了人类生产生活方式。以信息技术为例，它不仅促进了计算机、通信、互联网等产业的蓬勃发展，而且带动了工业、农业、服务业等行业的数字化、网络化、智能化升级，激发了巨大的经济增长潜力。可以说，没有高新技术产业的创新发展，就难以产生现代社会的繁荣图景。

高新技术产业还是提升国家核心竞争力的关键支撑。当今世界，科技实力日益成为国家综合国力的决定性因素。高新技术代表着一个国家科技发展的最高水平，体现着一个国家在全球产业分工中的地位和影响力。美国、日本、德国等发达国家之所以能够长期占据全球产业链、价值链的高端，很大程度上得益于其在高新技术领域的领先优势。而我国要实现从制造大国向制造强国的跨越，关键就在于加快发展高新技术产业，掌握更多"卡脖子"技术，在关键领域和核心环节实现自主可控。可以预见，高新技术产业必将在构建现代化经济体系、塑造国家竞争新优势中扮演日益重要的角色。

高新技术产业对人才培养和就业结构升级也产生了深远影响。随着高新技术在生产生活中的广泛应用，社会对复合型、创新型人才的需求日益增长。高新技术产业的发展为各类人才提供了广阔的就业空间和施展才华的舞台，带动了教育培训、人力资源服务等相关产业的繁荣发展。数据显示，我国高新技术产业从业人员从 2013 年的 1048 万人增长到 2018 年的 1673 万人，年均增长率达 12.5%。同时，在高新技术产业带动下，就业结构不断优化，以研发设计、技术服务为代表的高技能岗位比重大幅提升。可以说，高新技术产业已成为吸纳就业、优化就业结构的重要力量源泉。

此外，高新技术产业还在满足社会多元需求、改善民生福祉方面发挥着独特作用。伴随高新技术的快速发展，越来越多的创新成果被直接应用于教育、医疗、交通、环保等民生领域，极大提升了公共服务的质量和水平。例如，在医疗领域，人工智能、大数据、可穿戴设备等高新技术，推动了智慧医疗的发展，提高了疾病诊断和治疗的精准性，让民众享受到了更加优质、高效、便捷的医疗服务。再如在教育领域，慕课、虚拟现实、人工智能等技术的运用，拓展了教育时空边界，促进了优质教育资源的共享，为形成公平而高质量的教育体系注入了新动力。由此可见，在高新技术产业的驱动下，创新发展成果正加速向社会民生等各领域扩散和渗透，让科技进步成果惠及千家万户。

三、高新技术产业与传统产业的区别与联系

(一)核心差异

高新技术产业与传统产业在技术含量、发展模式等方面存在显著差异。从技术含量来看,高新技术产业以高精尖技术为主导,知识密集型特征突出。这些产业通常涉及信息技术、生物技术、新材料、新能源等前沿领域,代表了科技发展的最新方向。其研发过程需要大量的科研人员投入,综合运用多个学科知识,不断探索未知领域,推动技术革新。相比之下,传统产业主要依靠成熟稳定的生产技术,劳动密集型特征较为明显。虽然传统产业近年来也在不断改进工艺、优化流程,但其技术升级的速度和幅度却远不及高新技术产业。

从发展模式上看,高新技术产业以创新驱动为核心,强调原始创新和集成创新。这些产业往往瞄准了全球科技前沿,力求在关键领域实现重大突破,引领产业变革。为此,高新技术企业需要持续加大研发投入,完善创新机制,营造鼓励创新的文化氛围。而传统产业则更多地采取技术引进、消化吸收再创新的方式,注重在现有技术基础上进行优化组合和应用拓展。这种渐进式创新虽然风险较低,但难以实现产业变革,在激烈的市场竞争中容易处于被动地位。

此外,高新技术产业与传统产业在市场需求、盈利模式等方面也有明显不同。高新技术产业往往面向全球市场,客户需求个性化、多样化特征突出,产品和服务更新换代速度较快,盈利模式灵活多变。相比之下,传统产业主要立足国内市场,客户需求相对稳定,产品同质化程度较高,盈利模式相对单一。这些差异反映了两类产业在市场定位、经营策略等方面的根本区别。

(二)联动效应

高新技术产业的发展壮大,为传统产业的转型升级提供了强大的动力。高新技术所具有的高知识密集度、高技术含量、高附加值等特点,使其在推动传统产业优化升级方面发挥着不可替代的作用。

首先,高新技术的应用能够显著提升传统产业的生产效率和产品质量。传统产业往往受限于落后的生产工艺和设备,生产效率较低,产品质量参差不齐。而高新技术的引入,如自动化、智能化生产线的应用,可以大幅提高生产效率,减少人工成本,保证产品质量的稳定性。同时,高新技术还能帮助传统企业实现柔性

化生产，快速响应市场需求变化，提升企业的竞争力。

其次，高新技术的发展为传统产业延伸产业链、拓展新兴业务领域提供了广阔空间。传统产业受制于技术瓶颈，产业链条较短，附加值较低。高新技术的应用能够帮助传统企业突破技术壁垒，向产业链的高端延伸，开发高附加值产品，提升盈利水平。同时，高新技术的交叉融合，也为传统企业进军新兴业务领域提供了有利条件，培育了新的经济增长点。

再次，高新技术产业的快速发展，为传统产业培养和输送了大量的高素质人才。高新技术产业对人才的需求量大，对人才素质要求高，这促进了相关教育培训体系的完善，为社会源源不断地输送高素质科技人才。这些人才的流入，为传统产业注入了新的活力，提升了企业的研发创新能力和管理水平，加速了传统产业的改造升级进程。

最后，高新技术产业集聚发展形成的创新生态环境，也为传统产业的转型升级营造了良好的外部条件。高新技术产业集群汇聚了大量的创新资源，如高校、科研院所、创新企业等，形成了良性的产学研互动机制。传统企业可以通过与这些创新主体合作，共享先进技术成果，解决企业的技术难题；同时还可以通过观察学习，借鉴高新技术企业的先进管理理念和商业模式，加快企业转型升级步伐。

（三）互补互助

高新技术产业作为知识和技术密集型产业，其发展离不开传统产业的支撑。传统产业为高新技术产业提供了丰厚的物质基础、人力资源和广阔的市场空间。许多高新技术产业的原材料、零部件都来自传统产业，如电子信息产业需要依托传统的机械加工、冶金等行业。同时，传统产业培养了大量的技术工人、管理人员，为高新技术产业输送了宝贵的人才资源。此外，传统产业也是高新技术产业产品的重要应用领域，为其提供了广阔的市场空间。

反过来，高新技术产业的发展也为传统产业的升级改造注入了新的活力。高新技术的应用能够显著提高传统产业的技术水平和生产效率，促进其向高端化、智能化、绿色化方向发展。以工业机器人为例，其在传统制造业中的应用，大大提高了生产精度和自动化程度，减少了人工成本，推动了制造业的转型升级。再如，物联网、大数据等新一代信息技术在传统农业中的应用，实现了农业生产的精准管理和智能决策，促进了农业现代化进程。可以说，高新技术产业为传统产业植入了“技术基因”，为其发展指明了方向。

高新技术产业与传统产业之间还存在着资源共享、优势互补的关系。一方面，高新技术产业可以利用传统产业的设备、场地、原材料等资源，来降低研发成本，进而加快产业化进程。另一方面，传统产业可以借助高新技术产业的创新成果，实现技术改造和产品升级，提升自身的市场竞争力。双方通过战略合作、联合研发等方式，来实现资源的优化配置和共享利用，进而达到互利共赢的目的。

值得一提的是，高新技术产业与传统产业的融合发展，也为区域经济注入了新的增长动力。高新技术产业与当地特色传统产业的有机结合，往往能够形成独特的区域产业优势，带动相关产业集群的发展。如深圳利用其电子信息产业优势，大力发展智能终端、可穿戴设备等，带动了上下游配套企业的快速成长，形成了具有全球影响力的电子信息产业集群。类似的例子还有很多，如杭州的数字经济与丝绸、茶叶等传统产业的融合，西安的航天航空产业与现代服务业的协同发展等。

高新技术产业与传统产业不是相互隔离、此消彼长的关系，而是相互交织、相互促进的关系。两者优势互补、资源共享，共同推动经济高质量发展。在新的历史条件下，加快高新技术产业与传统产业融合发展，既是发展的客观要求，也是培育新动能、塑造发展新优势的战略选择。只有不断促进两者在更大范围、更高层次、更深程度上实现互动融合，才能不断增强我国产业国际竞争力，加快我国构建现代产业体系的步伐，推动经济社会持续健康发展。

四、高新技术产业集群

（一）集群形成

高新技术产业集群的形成是产业发展的必然结果，也是提升区域创新能力和竞争力的重要途径。高新技术产业具有知识密集、技术密集的特点，对人才、技术、资本等创新要素的依赖程度很高。这些创新要素在空间上的聚集，形成了在特定区域内的企业、大学、科研机构等创新主体的集聚，促进了高新技术产业集群的形成和发展。

高新技术产业集群的形成需要一系列条件的支撑。

首先，集群的形成依赖于区域内雄厚的科技创新基础。高水平的大学、科研院所等机构能够持续向集群输送高质量的科技人才，为集群发展提供智力支撑。

其次，完善的创新创业生态是集群形成的重要土壤。良好的金融环境、公共服务平台、中介服务机构等，能够为科技成果转化和高新技术企业成长营造良好的外部条件。

最后，合理的产业布局和配套设施的建设也十分必要。合理规划产业园区，完善道路、通信、供电等基础设施，能够吸引更多高新技术企业入驻，进而促进产业链上下游企业聚集。

除了外部条件，高新技术产业集群的形成还有赖于集群内部的互动机制。企业之间、企业与大学和科研机构之间频繁的技术交流与合作，能够加快知识的传播速度和创新的迸发速度。龙头企业能够通过技术溢出效应，带动上下游中小企业的技术进步和产品升级。集群内部的人才流动，也为知识共享和创新合作提供了便利。此外，面向行业共性技术问题，产学研用主体合作攻关，形成了集群技术创新的独特优势和强大动力。

高新技术产业集群一旦形成，就会通过集聚效应来不断强化自身的竞争优势。集群内部的分工与合作、共享与互补，大大提高了技术创新和产品开发的效率。企业可以更加专注于核心业务环节，通过与配套企业密切合作，来降低运营成本，提升产品质量。同时，集群形成了难以复制的区域品牌效应，提高了区域整体的竞争力和知名度，吸引了更多高端要素的集聚。

(二)集群效应

产业集群通过知识溢出、资源共享、配套服务等方式，来促进企业间的互动学习和协同创新，进而提升产业整体竞争力。高新技术产业作为知识和技术密集型产业，更加依赖于产业集群效应的发挥。

从微观层面看，高新技术产业集群可以显著提升企业的创新绩效。集聚在一起的企业能够更便捷地获取前沿技术信息，分享创新资源，开展合作研发。频繁的正式和非正式的交流有利于企业间的知识传播和技术学习，加快新产品、新工艺的开发速度。同时，专业化分工与协作网络的形成，使企业能够专注于核心业务环节，提高自身的生产效率和产品质量。激烈的同业竞争也倒逼企业加大研发投入，推动技术进步和产品升级。

从中观层面看，高新技术产业集群有利于优化区域产业结构，培育新的经济增长点。一方面，龙头企业和高校科研机构的聚集，能够带动上下游企业向园区集中，促进产业链的完善和价值链的提升。集群内部逐渐形成配套齐全、分工合理的产业生态体系，能够吸引更多的创新创业者加入。另一方面，高新技术产业的快速发展，会对传统产业形成“挤出效应”，倒逼传统产业加快转型升级步伐。新旧动能转换的加快，有利于推动区域经济结构优化和促进产业迈向中高端。

从宏观层面看，高新技术产业集群是国家参与全球科技和产业竞争的重要平台。一国产业的国际竞争力很大程度上取决于关键产业集群的发展水平。美国硅谷、德国“工业 4.0”示范区等高新技术产业集群的崛起，显著提升了其所在国家在相关领域内的全球话语权和主导权。对于后发国家而言，高起点规划高新技术产业集群，引进全球创新资源，培育本土“隐形冠军”，是实现产业弯道超车、缩小与发达国家之间的差距的重要途径。

高新技术产业集群效应的培育和释放是一项系统工程，需要政府、企业、高校、科研机构等多方协同发力。政府要在规划引导、政策扶持、公共服务等方面发挥“有形之手”的作用，优化产业集群发展的制度环境。高新技术企业要勇于承担作为创新主体的责任，加大研发投入，提升核心竞争力。高校和科研机构要聚焦产业发展需求，加快科技成果的转移转化，为产业集群注入源头活水。只有多方形成合力，才能推动高新技术产业集群持续健康地发展，在更高水平上实现内涵式增长和动能转换。

(三)持续发展

集群内企业之间的创新合作、产学研用的深度融合、政府的政策支持等因素，共同构建了高新技术产业集群创新网络。这一网络不断优化资源配置，激发创新活力，推动集群由初级阶段向高级阶段演进。然而，随着市场竞争的加剧，技术更迭的加快，高新技术产业集群也面临着前所未有的挑战。一些集群的创新动力不足，缺乏核心技术，产业链条不完整，抗风险能力较弱。同时，知识产权保护不力、人才流失严重、融资渠道不畅等问题，也制约着产业集群的进一步发展。

要破解这些难题，高新技术产业集群必须着力打造开放、协同、高效的区域创新生态系统。

首先，要加强龙头企业的引领作用，发挥其在技术创新、市场开拓等方面的示范带动作用。支持龙头企业加大研发投入，突破关键核心技术，延伸产业链条，提升产业集群竞争力。

其次，要促进大中小企业融通发展，构建大企业主导、中小企业配套的产业生态。鼓励大企业与中小企业开展协同创新，帮助中小企业提升专业化能力，增强产业集群发展韧性。

最后，要深化产学研用合作，推动科技成果转化应用。搭建产学研用合作平台，促进高校、科研院所与企业的紧密对接。引导高校、科研院所聚焦产业集群发展需求，开展应用型技术研发，加快科技成果产业化进程。

此外，营造良好的创新创业生态也是推动高新技术产业集群持续发展的关键举措。要加大对知识产权的保护力度，严厉打击侵权行为，维护企业创新积极性。完善人才培养、引进、激励机制，为产业集群发展提供智力支撑。积极营造“众创空间”、孵化器等创业服务载体，为初创企业提供低成本、便利化、全要素的创业服务。拓宽中小微企业的融资渠道，加大对创新型中小微企业的信贷支持力度，缓解融资难题。同时，还要注重产业集群的协调发展，加强对生态环境的保护，推动集群经济与生态文明建设相协调。引导企业加大环保投入，发展循环经济，实现产业集群发展与生态环境保护的双赢。

未来，高新技术产业集群要立足于自身禀赋，找准自身发展定位，瞄准国际技术前沿，加快形成一批在全国具有领先地位、在全球具有影响力的高新技术产业集群。要立足本地，放眼全球，主动融入全球创新网络之中，持续提升国际化发展水平。通过前瞻性布局，超前谋划未来产业，抢占新兴技术制高点，实现从“中国制造”向“中国创造”的跨越式发展。只有不断创新发展模式，优化要素配置，完善制度环境，高新技术产业集群才能焕发新的生机和活力，并成为引领区域经济高质量发展的强大引擎。

第二节　高新技术产业的特点

一、高投入与高收益

（一）高成本研发的必要性

高新技术产业的蓬勃发展离不开持续不断的研发投入。这些投入不仅是企业创新的血液，更是推动产业升级、引领经济增长的重要力量。高额的研发经费是高新技术产业的一大特点，它反映了这一领域高投入、高风险、高收益的属性。

高新技术产业面临着激烈的市场竞争和技术迭代压力，唯有通过持续的研发投入，才能保持自身的技术优势和竞争力。研发活动是高新技术企业的核心，它涉及基础研究、应用研究、试验发展等多个环节，需要大量的资金、人力、物力等资源投入。这些投入具有明显的规模效应，投入越大，取得重大技术突破的可能性就越高。因此，高新技术企业普遍重视研发，其研发强度远高于传统产业。

高昂的研发成本也与高新技术产业的高风险属性密切相关。由于技术变革速度快、市场需求多变，研发成果能否实现产业化、商业化存在较大的不确定性。一旦研发失败或产品不被市场接受，前期投入就难以收回，企业将面临巨大损失。因此，高新技术企业必须要审慎评估研发项目的可行性和市场前景，合理配置研发资源，分散风险。同时，政府和社会资本的支持也是企业分担研发风险的重要途径。

高研发投入虽然意味着高风险，但也孕育着高回报的机会。一旦研发成果转化为具有自主知识产权的核心技术和产品，企业就能获得高额利润，品牌价值和市场地位也会大幅提升。这种高回报预期是企业持续进行研发投入的内在动力。众多高新技术企业的发展历程表明，坚持研发创新是实现跨越式发展的关键。

需要指出的是，高新技术产业的研发投入存在明显的行业差异。一般而言，生物医药、集成电路、航空航天等领域的研发强度最高，而互联网、软件等轻资产行业的研发投入则相对较低。这主要取决于不同行业的技术特点和发展阶段。对于进入门槛高、技术难度大的行业，企业必须投入大量资源用于其研发，才能实现从无到有的突破。而处于成长期的行业，企业则更注重技术应用和商业模式创新，研发投入强度相对较低。

（二）高收益潜力的来源

高新技术产业的高收益潜力源于其独特的投资到收益转化机制。这一机制的核心在于通过持续不断的创新，将企业的科技成果转化为市场竞争力，进而使企业获得丰厚回报。具体而言，高新技术产业从投资到收益转化的过程可以分为几个关键环节。

1.研发阶段

高新技术产业以知识和技术为核心驱动力，因此研发投入是其发展的基石。企业需要投入大量资金和人力来开展前沿技术攻关和产品创新。这一阶段虽然投入巨大、风险较高，但一旦取得突破性进展，就能为后续产业化奠定坚实基础。

2.成果转化阶段

科研成果只有转化为具有市场价值的产品和服务，才能真正实现它的商业价值。这就要求企业在研发的同时，要高度重视市场需求，加强产学研用结合，推动科技成果的产业化、商品化进程。通过知识产权保护、技术转移、许可(license)等方式，企业可以获得持续的创新收益。

3. 产业发展阶段

科技成果产业化后，企业要进一步提升产品附加值，扩大市场份额，实现规模化发展。这就需要企业加强品牌建设，打造核心竞争力，巩固行业龙头地位。同时，还要布局全球市场，利用国际创新资源，参与到全球产业分工与合作之中。

4. 价值获取阶段

通过前期的创新积累和产业培育，高新技术企业能够形成较强的溢价能力，在全球价值链分工中获得高附加值环节，实现利润最大化。而这些利润反过来又可以持续投入到研发创新中，形成良性循环。

可以看出，高新技术产业的高收益潜力是创新驱动、风险共担、利益共享机制的集中体现。这一转化机制打通了从投资到收益的各个环节，使得科技、资本、人才、市场等创新要素能够深度融合，共同催生出新技术、新产品、新业态，推动产业向高端化、智能化、绿色化方向发展。

高新技术产业蕴含的巨大收益潜力，源自其独特的投资到收益转化机制。这一机制集中体现了创新驱动发展的内在规律，是推动经济高质量发展的强大引擎。在新一轮科技革命和产业变革的浪潮中，深入把握高新技术产业投资收益规律，加快构建现代产业体系，对于实现创新型国家建设目标具有重要意义。

二、高风险

(一)技术创新的不确定性

高新技术产业以知识和技术为核心要素，通过不断开发新产品、新工艺和新业态，来推动产业升级和经济增长。在这一过程中，技术创新发挥着不可或缺的引领作用。但与此同时，高新技术产业所面临的技术风险也远高于传统产业。这种风险主要源于技术创新活动的复杂性、多变性和不可预测性。

从研发环节来看，高新技术产业通常需要投入大量的人力、物力和财力来进行长期的科学实验和技术攻关。这一过程充满了未知和变数，研发成果能否达到预期目标、能否实现产业化应用都存在较大的不确定性。即便是拥有雄厚实力的大型企业,也难以完全规避研发失败的风险。而对于创新能力相对较弱的中小企业而言,一旦研发投入未能收回,这些企业很可能陷入财务困境,甚至面临生存危机。

从市场环节来看,高新技术产品和服务的市场需求往往呈现出较强的不稳定性和波动性。一方面,技术创新带来的新产品能否被市场和消费者接受,在很大程度上取决于其能否满足用户需求、改善使用体验、提供独特价值。这就要求企业能够准确把握市场动向,及时调整创新方向。另一方面,由于技术迭代的速度加快,产品生命周期不断缩短,企业必须加速创新步伐,否则就可能被竞争对手超越。在这种情况下,盲目跟风、缺乏核心技术和自主知识产权的企业极易陷入恶性竞争的泥潭。

从应用环节来看,高新技术在实际应用中还可能会面临诸多"非技术因素"的制约和影响。比如,新技术应用是否符合法律法规和伦理道德的要求,是否会对环境和社会造成负面影响,能否赢得公众和舆论的支持等因素都会在一定程度上影响其推广和普及。对于涉及公共利益和社会安全的关键技术,它们还需要经受更加严格的审查和监管。这对企业的应对能力和社会责任提出了更高要求。

此外,知识产权纠纷、人才流失、产业政策变化等因素也都可能会加剧技术创新的风险和不确定性。一些自主创新能力不足的企业,容易落入知识产权诉讼的陷阱,面临高额赔偿和市场禁入的风险。而掌握核心技术的关键人才的流失,则可能导致企业竞争优势的丧失和创新动力的减弱。同时,产业政策的调整也会对企业的技术选择和资源配置产生重要影响,如不能及时响应和适应,就可能会错失发展机遇。

(二)市场竞争的激烈程度

面对日益复杂的市场环境,企业若想在竞争中立于不败之地,就必须紧跟时代步伐,不断进行技术和管理创新。从微观层面来看,市场竞争倒逼企业优化资源配置,改进生产工艺,提高产品质量和性价比,以更好地满足消费者日益增长的多元化需求。这一过程不仅促进了企业自身的进步,也推动了行业整体水平的提升。

从宏观上而言,激烈的市场竞争有利于优胜劣汰,促进产业结构的优化升级。在竞争压力下,一些落后的、缺乏核心竞争力的企业将被淘汰出局,而那些善于创新、把握市场机遇的优秀企业则能够脱颖而出,成为行业的领军力量。这种有进有出、动态调整的竞争机制,有利于高新技术产业保持旺盛的生命力和创造力,实现可持续发展。

当然，市场竞争的影响是多方面的，这对企业的生存和发展而言既是机遇也是挑战。一方面，激烈的竞争环境倒逼企业加大研发投入，加快新产品、新技术的开发和应用，这无疑增加了企业的成本压力和经营风险。另一方面，市场竞争加剧了优质资源的争夺，使得中小企业的生存空间受到了挤压。在这种情况下，创新能力不足、抗风险能力较弱的企业很容易在残酷的市场竞争中被淘汰。

面对市场竞争带来的机遇与挑战，高新技术企业必须审时度势，科学应对。企业应牢固树立创新发展理念，将技术创新作为提升核心竞争力的关键。通过加大研发投入，布局前沿技术，开发高附加值产品，企业方能在市场竞争中赢得主动权。与此同时，企业还应注重商业模式创新和管理创新，在营销、服务等环节发力，为产品和技术创新提供有力支撑。唯有如此，企业才能在市场竞争中站稳脚跟，实现基业长青。

此外，面对市场竞争带来的压力，企业还应加强合作，构建创新生态系统。通过与高校、科研院所开展产学研合作，来整合创新资源，突破关键核心技术；通过与上下游企业协同创新，来优化产业链布局，提升整体竞争实力。这种开放式创新模式，有助于企业分散风险，实现优势互补，形成抱团发展、协同创新的合力。

(三)投资回报周期长

高新技术产业的研发周期往往较长，投资回报存在较大的不确定性。相较于传统产业，高新技术产业具有更高的技术门槛和市场风险，这决定了其投资回报周期的特殊性。

首先，高新技术产业的研发过程复杂，需要大量的时间和资金投入。从基础研究到应用开发，再到产品化和商业化，每一个环节都需要长期的探索和验证。这一过程动辄数年甚至数十年，在时间上远超传统产业的研发周期。以生物医药行业为例，一款新药从实验室走向市场，平均需要 10～15 年的时间，投入动辄数亿元，而最终能够成功上市的药物仅占极少数。这种高投入、长周期、低成功率的特点，使得高新技术产业的投资回报具有很大的不确定性。

其次，高新技术产业面临着更为激烈的市场竞争和更快的技术迭代。由于其所处的技术前沿领域，市场尚未完全成熟，用户需求和应用场景还在不断探索中。这意味着，即使一项技术在研发阶段取得了突破，其能否在市场中立足也充满了变数。同时，高新技术领域的发展情况日新月异，新技术、新产品层出不穷。一项技术或产品刚刚推向市场，可能很快就会被更先进的技术所取代，这将导致前期投入难以收回。这种技术的迭代周期短、市场需求变化快的特点，进一步加剧了高新技术产业投资回报的不确定性。

再次，高新技术产业对人才和知识产权的依赖程度更高。核心技术人才是高新技术企业的关键资源，对研发进程和成果转化起着至关重要的作用。然而，高端技术人才的培养和引进都需要大量时间和资金，且人才流动性较大，这对企业的人才储备提出了更高要求。此外，高新技术的核心竞争力很大程度上体现在知识产权上。一项关键专利可能决定了企业的市场地位和盈利空间。然而对知识产权的申请、维护和保护都需要投入大量资源，且专利纠纷时有发生，这无疑加大了高新技术企业的经营风险和成本。

最后，高新技术产业还受到政策环境和宏观经济的影响。政府对高新技术产业的支持力度，如税收优惠、研发补助、人才引进等，很大程度上决定了企业的创新动力和风险承受能力。而宏观经济形势的波动，如经济周期、汇率变动、国际贸易摩擦等，也会对高新技术企业的市场拓展和盈利能力产生冲击。这些外部因素的不确定性，进一步增加了高新技术产业投资回报的复杂性和多变性。

高新技术产业的投资回报周期普遍较长，且会面临诸多不确定性因素。这既是由其内在的技术特征和发展规律所决定的，也受到外部市场环境和政策因素的影响。对于高新技术企业而言，如何缩短研发周期、控制创新风险、应对市场变化、优化资源配置，进而实现投资收益的最大化，是一个他们需要长期探索和持续优化的课题。而对于投资者而言，如何正确评估高新技术项目的投资价值，如何平衡风险与收益，如何把握最佳投资时机，也是他们需要不断学习和完善的能力。只有企业和投资者在实践中不断积累经验、优化策略，才能在高新技术产业的投资回报中寻求最佳平衡，实现可持续发展。

三、产品附加值高

高新技术产品的高附加值为其赢得了市场的青睐，这既源于产品自身的技术优势，也得益于企业在品牌建设方面的不懈努力。技术创新是高新技术产品附加值的重要来源。先进的技术不仅能够提升产品的性能和质量，还能为产品赋予独特的功能和体验。以智能手机为例，集成了人工智能、增强现实等前沿技术的手机往往能够吸引更多消费者的关注，其附加值也会更高。因此，高新技术企业要想提升自身的产品附加值，就必须持续加大研发投入，掌握核心技术，不断推陈出新。

但技术优势并非高附加值的唯一决定因素，品牌价值同样不容忽视。知名品牌不仅代表了产品的高品质,更象征着一种生活方式和价值追求。消费者往往愿意为品牌溢价买单,这使得名牌产品的附加值大大高于同类普通产品。苹果手机之所以能够持续引领市场,除了依靠顶尖的硬件配置和创新的操作系统,更得益于苹果品牌在消费者心目中的崇高地位。从这个角度来看,品牌建设对于提升高新技术产品附加值至关重要。

具体而言,高新技术企业要想打造高附加值的明星产品,就必须在技术创新和品牌建设两个维度同时发力。一方面,企业要持续加大研发投入,以技术的领先优势形成产品的核心竞争力;另一方面,企业要高度重视品牌战略,通过差异化定位、精准营销等手段塑造独特的品牌形象,提升品牌美誉度和客户忠诚度。只有技术实力和品牌价值达到完美融合,高新技术产品的高附加值优势才能充分显现。

四、全球竞争性

(一)全球化市场的机遇与挑战

全球化时代的到来为高新技术产业的发展带来了前所未有的机遇与挑战。一方面,全球化促进了技术、人才、资本等要素在全球范围内的自由流动,这为高新技术产业提供了广阔的市场空间和丰富的创新资源。企业可以利用全球化平台,整合全球优质资源,拓展海外市场,参与国际分工与合作,提升自身的创新能力和国际竞争力。另一方面,全球化也加剧了高新技术产业的国际竞争,使得企业面临着更加复杂多变的市场环境和更加沉重的竞争压力。跨国公司凭借其雄厚的资金实力、先进的技术水平和完善的全球运营网络,在全球市场上占据着主导地位,对发展中国家的高新技术产业形成了巨大的竞争压力。

面对全球化带来的机遇与挑战,高新技术产业必须要采取积极有效的应对策略。

首先,企业要主动融入全球创新网络,加强与国际领先企业、研究机构的交流合作,学习借鉴其他企业的先进技术和管理经验,提升自身的创新能力和国际竞争力。

其次,企业要立足自身优势,发挥比较优势,在全球产业分工中找准自身定位,积极参与国际市场竞争。要瞄准全球产业发展前沿,加大研发投入,突破关键核心技术,掌握更多的自主知识产权,提高产品的技术含量和附加值。

最后，企业要加快国际化步伐，构建全球化运营网络，利用海外资源拓展国际市场。要根据不同国家和地区的市场特点，制定差异化的市场策略，提供满足当地需求的产品和服务。同时，要注重跨文化管理，培养一支高素质的国际化人才队伍。

此外，政府也要营造良好的创新创业生态，为高新技术产业应对全球化挑战提供有力支持。要加大对关键领域核心技术研发的支持力度，完善科技创新体制机制，促进产学研深度融合，增强源头创新能力。要完善知识产权保护制度，维护企业合法权益，激发企业创新积极性。要深化开放合作，积极参与全球科技治理之中，推动构建开放、包容、普惠的全球创新网络，为高新技术产业走向全球提供有利环境。

随着新一轮科技革命和产业变革的深入推进，全球化发展模式正在发生深刻的变革。数字化、网络化、智能化日益成为全球化的新特征，高新技术产业作为数字经济的核心力量，正在引领全球化发展的新趋势。在此背景下，高新技术产业应抓住数字化、网络化、智能化的历史机遇，加快自身数字化转型步伐，推动业务流程再造，优化资源配置效率，提升全球运营能力。要积极探索数字化环境下的新商业模式，利用大数据、云计算、人工智能等新一代信息技术来为用户提供个性化、智能化的产品和服务，从而提升用户体验和满意度。同时，要加强数字基础设施建设，完善数据安全治理体系，维护数字主权和网络安全。

（二）跨国运营的战略选择

随着全球化的不断深入，跨国公司凭借雄厚的资本实力、先进的技术水平和丰富的管理经验，在全球范围内整合资源，优化资源配置，推动了世界经济的发展。对于高新技术产业而言，跨国运营已经成为企业参与国际竞争之中、实现可持续发展的必由之路。

高新技术产业具有知识密集型、资金密集型的特点，研发投入大、风险高，单一国家的资源和市场很难满足其发展需求。因此，高新技术企业必须要立足全球，整合全球创新资源，布局全球市场，这样才能在激烈的国际竞争中立于不败之地。跨国运营能够帮助企业实现这一目标。

1. 跨国运营有利于企业整合全球创新资源

高新技术的发展离不开持续不断的创新，而创新资源在全球范围内分布不均。通过在全球设立研发中心、与当地高校和科研机构开展合作等方式，跨国公司可以汇聚全球智慧，吸收不同国家和地区的前沿技术成果来提升自身的创新能力。以美国高通公司为例，它在全球设有多个研发中心，同时与众多国家的大学和研究所保持密切合作，借助全球“智力资源库”推动了移动通信技术的快速发展。

2.跨国运营有助于企业优化全球资源配置

不同国家和地区在基础设施、人力资源、原材料等生产要素方面存在比较优势。跨国公司可以根据当地禀赋来合理安排生产布局，在全球范围内配置资源，降低生产成本，提高运营效率。如英特尔公司在美国、中国、以色列等多个国家都设有芯片工厂，充分利用了当地的人才、技术和成本优势，形成了全球产业链条，增强了企业的国际竞争力。

3.跨国运营能够帮助企业开拓全球市场

高新技术产品具有很强的专业性和针对性，单一国家的市场容量有限。而通过建立海外分支机构、组建国际营销网络等方式，跨国公司可以将触角延伸到世界各地，贴近目标市场，了解当地消费者需求，为其提供本土化的产品和服务。如华为公司在全球设有数百个分支机构，建立了覆盖170多个国家的营销服务体系，凭借“深耕本地、服务全球”的理念，成为全球通信设备市场的领导者。

4.跨国运营有利于企业分散经营风险

高新技术产业受制于技术更新速度快、市场需求变化大等因素，经营风险较高。而通过全球化布局，跨国公司可以有效分散单一市场的风险，提高自身的抗风险能力。一个国家或地区的市场出现波动，可以通过其他市场的良好表现来弥补，从而保证企业整体经营的稳定性。如在新冠疫情期间，受益于全球化运营战略，许多跨国高科技企业都凭借区域市场的差异化表现，实现了逆势增长。

（三）国际合作与竞争规则

在经济全球化的大背景下，任何一个国家都不可能独立发展高新技术产业，必须积极参与国际分工与合作，利用全球创新资源，在更大范围内配置要素、拓展市场。与此同时，高新技术产业的全球竞争也日趋激烈，后发国家和地区正在加速追赶，发达国家和地区也在不断巩固自身优势。因此，如何在国际合作中把握机遇，在全球竞争中赢得主动，已经成为各国发展高新技术产业的关键课题。

对于我国而言，构建高新技术产业的全球竞争优势，需要在国际合作与竞争的复杂博弈中找准定位，制定战略，强化举措。一方面，要以开放包容的姿态推进国际科技合作，积极引进和消化吸收国外先进技术，提升自主创新能力。通过深度参与全球产业分工，融入国际创新网络，我国高新技术企业可以更好地利用全球创新资源，加快技术进步和产品升级。同时，国际合作也有助于我国高新技术企业更深入地理解国际市场需求，开拓海外市场，提升自身的国际竞争力。

另一方面，面对日益激烈的全球竞争，我国高新技术产业必须要加快构建自身的竞争优势。这需要在关键技术领域实现重点突破，掌握核心技术，牢牢把握竞争主动权。同时，要完善国家创新体系，强化企业创新主体地位，培育一批具有国际影响力的创新型领军企业。只有拥有强大的自主创新能力和市场竞争力，我国高新技术产业才能在全球竞争中赢得先机，获取更多话语权。

此外，塑造高新技术产业竞争新优势，还需要营造良好的制度和文化环境。要深化科技体制改革，建立健全激励创新的制度安排；优化创新生态，加强对知识产权的保护，为高新技术创新营造良好环境。要弘扬科学精神，鼓励创新文化，营造崇尚创新、宽容失败的社会氛围。要加大对创新人才的培养力度，完善人才发展机制，为高新技术产业发展提供充足的人力资源。只有形成全社会共同推进高新技术创新的合力，我国才能在国际合作与全球竞争中赢得更大主动权。

纵观全球高新技术产业发展历程，那些在国际竞争中脱颖而出的国家和地区，无不是在国际合作中积极作为、审时度势，在关键领域和关键环节布局谋篇，抢占制高点的典型代表。我国要在高新技术产业领域塑造竞争新优势，必须要以全球视野谋划和推进国际科技合作，在激烈的国际竞争中奋勇争先，加快从“追赶跟跑”向“并跑领跑”转变。这需要坚持创新驱动发展战略，完善国家创新体系，大力发展自主可控的关键核心技术，全面提升高新技术产业的核心竞争力。同时，也需要营造开放创新、鼓励创业的良好氛围，加快建设世界科技强国，为高新技术产业的发展注入澎湃动力。

第三节　高新技术产业的分类

一、电子信息产业

（一）电子信息产业的概念及发展趋势

电子信息产业是以微电子技术、计算机技术、通信技术为基础，涵盖了信息获取、信息传输、信息处理、信息存储等诸多环节的产业。从 20 世纪中叶硅基集成电路的发明到互联网时代云计算的兴起，电子信息产业经历了从量变到质变的跨越式发展，深刻改变了人类社会生产生活方式。

早在 20 世纪 50 年代，晶体管的问世就预示了电子信息时代的来临。随后，硅基集成电路技术的突破使得越来越多的晶体管可以集成在一块芯片上，计算机的体积不断缩小、性能不断提升。20 世纪 70 年代，摩尔定律的提出为集成电路技术的发展指明了方向，微电子技术从此进入了飞速发展的快车道。大规模集成电路、超大规模集成电路的相继出现，为个人电脑的普及奠定了基础。

进入 21 世纪，互联网技术的广泛应用开启了信息时代新纪元。以互联网为代表的信息通信技术取得了突飞猛进的发展，从拨号上网到宽带接入，从 2G 到 5G，通信速率和用户体验不断提升。同时，海量数据的产生对信息处理能力提出了更高要求，云计算也应运而生。云计算通过将硬件设施、计算资源、存储空间以服务的形式提供给用户，极大地提高了计算效率，降低了使用成本。移动互联网、物联网等新兴技术领域也蓬勃发展，电子信息产业新的增长点不断涌现。

纵观电子信息产业的发展历程，我们可以清晰地看到技术进步是其发展的根本动力。从晶体管到集成电路再到云计算，一系列技术革命推动了电子信息产业从无到有、从弱到强的发展。同时，电子信息产业的发展也反作用于技术创新，形成了良性循环。在激烈的市场竞争中，企业不断加大研发投入，推动技术升级换代，电子信息产业的创新动力持续增强。

电子信息产业的发展不仅改变了人们的工作和生活方式，更成为国家综合国力的重要体现。当今世界，信息技术已经渗透到了社会经济生活的各个领域，电子信息产业的竞争力在很大程度上决定了一个国家在全球产业分工中的地位。为了抢占发展制高点，各国纷纷将电子信息产业作为战略性新兴产业来培育，我国也将其列为重点发展的高新技术产业，并出台了一系列扶持政策。

(二)电子信息产业的主要领域及应用

电子信息产业是现代社会经济发展的重要支柱，它涵盖了通信设备、智能终端、大数据处理等多个领域。随着 5G、人工智能、物联网等新一代信息技术的加速发展，电子信息产业迎来了前所未有的发展机遇。通信设备是电子信息产业的基础，它为信息的传输和交换提供了硬件支撑。近年来，以 5G 为代表的新一代通信技术迅猛发展，这极大提升了通信设备的性能和功能。5G 通信设备不仅能够支持更高的传输速率、更低的时延，还能实现海量设备的接入和互联，为物联网、工业互联网等应用场景提供了坚实基础。同时，5G 通信设备的研发和部署也带动了相关产业链的繁荣发展，如射频芯片、光器件、天线等领域都迎来了新的市场机遇。

智能终端是电子信息产业的另一重要组成部分，它包括智能手机、平板电脑、可穿戴设备等多种形态。近年来，智能终端的性能不断提升，功能也日益丰富，已经成为人们工作、生活、娱乐的重要载体。以智能手机为例，它不仅具备通信、上网等基本功能，还集成了高清摄像、虚拟现实、生物识别等先进技术，极大丰富了用户体验。同时，智能终端的普及也催生了移动应用、移动支付、共享经济等新业态，成为数字经济时代的重要引擎。未来，随着柔性屏幕、折叠屏幕等新型显示技术的成熟以及 5G、人工智能等技术的深度融合，智能终端将呈现出更加多元化、个性化的发展趋势。

大数据处理是电子信息产业的前沿领域，它通过对海量数据的采集、存储、分析，提炼出有价值的信息和知识，为科学决策、精准营销、个性化服务等提供支撑。随着数字化转型的深入推进，各行各业都在加快数据的积累和应用，这对大数据处理能力提出了更高要求。一方面，大数据平台需要具备更强的数据采集、存储和计算能力，要能够高效处理 PB 级别乃至 EB 级别的海量数据；另一方面，大数据分析需要借助机器学习、深度学习等人工智能技术，从复杂的数据中挖掘出有价值的模式和规律。同时，数据安全与隐私保护也成了大数据处理必须高度重视的问题。未来，随着数据要素市场的加快培育，以及数据流通、交易机制的逐步完善，大数据处理将成为数字经济时代的核心能力，能够为经济社会发展提供源源不断的创新动力。

二、生物医药和医疗器械产业

(一)生物医药产业的核心技术与市场动态

生物技术药物作为生物医药产业的重要组成部分，在创新研发和临床应用方面取得了长足进步。从基因工程、细胞工程到抗体工程，生物技术药物的研发手段不断更新迭代，催生出了一批具有显著疗效和安全性的创新药物。这些药物不仅为患者提供了全新的治疗选择，更推动了生物医药产业的快速发展。

与传统化学药物相比，生物技术药物在分子结构、生产工艺、质量控制等方面都具有独特的复杂性。这对药物研发企业提出了更高的技术要求，需要来自药物研发企业的更大的资金投入。同时,生物技术药物的临床应用也面临着诸多挑战。例如,如何提高患者依从性,降低治疗成本,等等。为了应对这些挑战,生物医药企业需要不断优化研发策略,完善生产质量管理体系,探索创新的商业模式。

政策环境的变化也深刻影响着生物技术药物的发展轨迹。近年来,国家出台了一系列支持生物医药产业发展的政策,如优化审评审批流程、加强知识产权保护、鼓励技术创新等。这为生物技术药物的研发应用营造了良好的制度环境。与此同时,医保目录的动态调整、带量采购的全面推广,也对生物技术药物的市场准入和定价机制产生了重要影响。生物医药企业需要密切关注政策动向,并且要及时调整发展战略,这样才能在竞争日益激烈的市场中立于不败之地。

伴随着精准医疗、免疫治疗等新兴领域的崛起,生物技术药物正迎来新的发展机遇。癌症、自身免疫性疾病等重大疾病领域已成为生物技术药物研发的重点方向。而基因编辑、干细胞治疗等前沿技术的突破,更为生物技术药物的创新提供了无限可能。未来,生物医药企业应加强产学研合作,整合优势资源,加快新药研发和产业化进程。同时,还需注重增强药物的可及性和可负担性,让更多患者能够公平地享受生物技术进步的成果。

(二)医疗器械产业的技术创新与规范发展

随着生物医学工程、材料科学、信息技术等学科的快速发展,医疗器械的智能化、个性化已成为必然趋势。智能化医疗设备不仅能够实现精准诊断和治疗,还能通过大数据来分析优化临床决策,提高医疗效率。例如,基于人工智能的医学影像分析系统可以自动识别病灶,辅助医生进行疾病诊断;智能可穿戴设备能够实时监测患者生理指标,预警潜在的健康风险。这些创新成果正在推动医疗模式从“被动治疗”向“主动预防”转变,有力地促进了健康管理和疾病防控。

个性化医疗器械则着眼于满足患者差异化、精细化的医疗需求。借助3D打印、生物材料等技术,医疗器械可以根据患者的解剖结构、生理特点来进行定制,实现“量身定做”式的精准治疗。例如,3D打印技术已成功应用于颅骨、下颌骨等骨科植入物的个性化制造,大大提高了手术的安全性和成功率。再如,融合了生物工程和纳米技术的新型药物载体,能够实现药物在体内的精确递送和可控释放,减少药物的毒副作用,提升疗效。个性化医疗器械的发展,既符合现代医学“以患者为中心”的理念,又体现了“精准医疗”的时代要求,必将推动诊疗模式的变革。

然而，医疗器械产业的技术创新绝非一蹴而就的，还面临着诸多挑战。首先，创新医疗器械的研发需要跨学科团队的通力合作和持续投入，对企业的资金实力、人才储备提出了较高要求。其次，新产品从实验室走向临床还需经过严格的安全性和有效性评估，审批流程复杂，周期较长。再次，创新医疗器械的推广应用也考验医务人员的学习能力和适应能力，需要职业教育等多方助力。最后，伴随技术创新而来的伦理、法律问题亟待社会各界共同探讨和应对。

尽管道阻且长，但以患者为中心、以临床需求为导向的医疗器械创新方向仍然是必由之路。未来，医疗器械产业要加强产学研医协同创新，加快关键核心技术突破和成果转化；要建立完善的行业标准和质量控制体系，为创新医疗器械的应用提供制度保障；要注重人才培养和医工结合，提升医务人员运用新技术的能力；要积极回应社会关切，在伦理和法律的框架下推动创新发展。

（三）数字化在生物医药与医疗器械产业中的应用及影响

数字化技术在生物医药和医疗器械产业中的应用日益广泛，深刻影响着行业的创新发展轨迹。从药物研发到临床试验，从生产制造到市场营销，数字化技术无处不在，为企业提供了前所未有的机遇和带来了前所未有的挑战。

在新药研发领域，人工智能、大数据分析等前沿技术正在重塑传统的研发模式。通过机器学习算法，研究人员能够从海量的化合物数据库中快速筛选出潜在的候选药物，这大大缩短了新药发现的时间周期。同时，借助 AI 技术对药物分子结构与功能进行深入分析，研发团队能够更精准地预测候选药物的药效和毒性，这提高了临床试验的成功率。数字化技术不仅提升了新药研发的效率和质量，也为探索新的治疗靶点和机制提供了强大的技术支撑。

在生产制造环节，数字化技术的应用推动了药品和医疗器械生产模式的变革。通过构建智能化生产线，企业能够实现对生产过程的实时监控和动态优化，确保产品质量的稳定性和一致性。同时，借助物联网、大数据等技术，企业可以建立完善的供应链管理体系，实现原料采购、库存管理、物流配送等环节的智能化调度，提高了运营效率和响应速度。数字化技术还为个性化定制医疗器械和药品提供了可能，通过 3D 打印等技术，企业能够根据患者的特定需求，快速、灵活地生产出为患者量身定制的产品，满足了精准医疗的发展需求。

在市场营销和患者管理方面，数字化技术同样发挥着关键作用。借助移动互联网和社交媒体平台，医药企业能够与医生和患者建立更加紧密的联系，开展精准营销和患者教育活动。通过数字化工具收集和分析患者数据，企业可以深入洞察患者需求，优化产品和服务，提升患者满意度和依从性。同时，数字化技术还为远程医疗、在线问诊等新型服务模式提供了技术支持，为患者带来了更加便捷、高效的医疗体验。

三、新材料产业

（一）新材料的分类

1.纳米材料

纳米材料是指尺寸在1～100纳米量级的材料，由于其特殊的量子尺寸效应、表面效应和宏观量子隧道效应等特性，在光、电、磁、热等方面都表现出优异的性能。纳米材料的研究涉及物理、化学、材料科学等多个学科领域，具有很强的交叉性和综合性。目前，纳米材料已经在信息技术、能源、环境、医疗等诸多领域得到应用，如纳米电子器件、高效能量存储与转换材料、纳米药物载体等。随着纳米技术的不断进步，纳米材料的应用范围还将进一步拓展。

2.生物材料

生物材料是指与生物体相容并能够在生物体内发挥特定功能的材料。对生物材料的研究融合了材料科学、生物学、医学等学科的前沿成果，旨在开发出安全、有效、可控的医用材料。生物材料按照其来源可分为天然生物材料和人工合成生物材料两大类。天然生物材料主要包括天然高分子材料（如胶原蛋白、壳聚糖等）和无机矿物材料（如羟基磷灰石等）；人工合成生物材料则涵盖了金属材料、高分子材料、无机非金属材料和复合材料等多个种类。生物材料在骨科、牙科、心血管等临床领域有着广泛应用，如人工关节、牙种植体、人工血管等。此外，生物材料还被应用于组织工程、再生医学等前沿研究领域，展现出了巨大的发展潜力。

3.智能材料

智能材料是一类能够对环境的物理或化学变化做出可控响应的新型功能材料。智能材料具有感知外界刺激、判断处理信息、执行响应动作等“类生命”特征，指出了材料领域的发展方向。根据其响应方式的不同，智能材料可分为形状记忆材料、自修复材料、压电/热电材料、光致变色材料、磁流变/电流变材料等多个类别。智能材料的应用领域十分广泛，如智能传感器、智能执行器、智能结构、智能穿戴等。随着人工智能、物联网等技术的发展，智能材料必将迎来更加广阔的应用前景。

(二)新材料产业的应用领域与市场前景

新材料产业在能源、电子和环境保护等领域都面临着巨大的市场需求，其应用前景十分广阔。随着低碳经济和可持续发展理念逐渐深入人心，新能源材料已成为能源领域的研究热点。新型太阳能电池材料如钙钛矿、有机太阳能电池等，具有制备成本低、光电转化效率高等优势，有望在未来的光伏市场占据重要地位。而先进储能材料如高性能锂离子电池、超级电容器等，则为风能、太阳能等间歇式可再生能源的规模化应用提供了有力支撑。这些新能源材料的突破和应用，将推动能源结构的优化调整，为实现碳达峰、碳中和目标提供重要保障。

在电子信息领域中，新材料的应用为消费电子产品的升级换代注入了新的动力。以石墨烯、碳纳米管、金属纳米线等为代表的新型导电与散热材料，有望突破传统电子器件在集成度、速度等方面的瓶颈，推动电子信息技术的革命性进步。同时，各种新型显示材料如量子点、微发光二极管显示器等的出现，也为下一代显示技术的发展开辟了广阔空间。新材料在通信、计算、存储等电子信息领域的广泛应用，必将加速信息化社会的进程，为人们带来更加智能、便捷的数字化生活。

在环境保护领域中，新材料技术为解决污染防治、资源高效利用等问题提供了新的思路。纳米催化剂、高效吸附材料等在水处理、大气治理中展现出巨大潜力，有望从源头上控制和减少污染物排放。对生物基材料、可降解塑料等环境友好型材料的开发利用，则为实现资源的循环利用、建设"无废城市"开辟了新的路径。此外，新材料在土壤修复、固碳减排等生态环境保护领域的应用也备受关注。这些技术的进步将促进人与自然的和谐共生，为建设美丽中国贡献力量。

(三)数字化技术在新材料研发与生产中的作用

随着计算机技术、大数据分析、人工智能等数字化手段的不断进步，新材料的设计、制备、表征和应用都发生了革命性的变化。通过数字化技术，研究人员能够更加高效、精准地探索新材料的结构与性能之间的关系，从而加速新材料的研发进程。

在新材料设计阶段，材料科学家可以利用计算机模拟和大数据分析，从海量的候选材料中快速筛选出具有优异性能的材料。通过建立材料结构与性能之间的数学模型，研究人员能够预测新材料的各项性质，这大大缩短了实验周期，降低了研发成本。同时，借助于人工智能算法，科学家还能够发现传统方法难以捕捉的材料结构与性能之间的隐藏规律，实现新材料的智能设计。

数字化技术在新材料制备过程中也发挥着关键作用。先进的数字化控制系统能够实现材料制备过程的精确调控，保证产品质量的一致性和稳定性。通过实时监测材料制备过程中的各项参数，如温度、压力、流量等，再将其与大数据分析和机器学习算法相结合，可以实现制备工艺的智能优化，提高材料的制备效率和质量。此外，数字化技术还促进了新材料制备装备的智能化和网络化，实现了远程监控和协同制造，提高了生产管理的效率。

在新材料表征与性能评价环节，数字化技术同样不可或缺。各种先进的材料表征设备，如电子显微镜、X射线衍射仪等，都与计算机技术紧密结合，实现了材料微观结构与性能的高分辨率、高灵敏度表征。通过数字图像处理和模式识别技术，可以快速、准确地分析材料的微观组织和缺陷，为材料性能的优化提供依据。同时，大数据分析技术还可以整合从不同表征手段中获得的海量数据，揭示材料结构、组分与性能之间的内在联系，指导新材料的设计与改性。

数字化技术在新材料应用领域同样大放异彩。借助于虚拟现实、增强现实等数字化手段，研究人员可以模拟新材料在实际应用环境中的工作状态，优化材料的选型与匹配。数字孪生技术则可以通过创建材料或部件的数字化模型，来实现对全生命周期的监测和管理，进而预测材料的服役行为和寿命。此外，区块链技术在新材料供应链管理中的应用，有助于提高材料质量的可追溯性，保障下游用户的利益。

四、新能源与节能产业

（一）新能源产业的发展概况

随着化石能源的日益枯竭以及气候变化问题的日益凸显，发展清洁、低碳、可持续的新能源已成为国际社会的广泛共识。在这一背景下，新能源产业呈现出蓬勃发展的良好态势，不断创新的清洁能源技术与日益成熟的可再生能源体系加速融合，为人类社会的可持续发展提供了强大动力。

从技术层面来看，新能源产业的发展得益于一系列清洁能源技术的创新突破。以光伏发电为例，随着晶硅电池转换效率的不断提升和钙钛矿电池等新型电池技术的不断成熟，光伏发电的成本快速下降，其经济性显著提高。据国际能源署(IEA)统计，2020年全球光伏发电新增装机容量达到了创纪录的132吉瓦，同比增长23%，这一数据充分印证了光伏产业的快速发展与广阔前景。与此同时，风力发电技术也实现了长足进步。海上风电机组大型化、漂浮式风机等创新性技术的应用，大幅提升了风电场的发电效率和可利用率。氢能、生物质能等其他清洁能源技术同样取得了突破性进展，这进一步丰富了新能源的应用场景和实现路径。

从产业层面来看，新能源产业正加速与传统能源体系深度融合，形成了多元互补、协同高效的现代能源格局。一方面，越来越多的化石能源企业开始向新能源领域转型，将其视为未来发展的重要方向。传统能源巨头纷纷加大对风电、光伏、氢能等新能源项目的投资力度，推动新能源技术与自身的勘探开发、运输存储等环节深度整合。另一方面，新能源企业也在不断创新商业模式，积极探索与传统电网、交通、建筑等行业的融合发展。分布式光伏、智能微电网、风光储一体化等新型能源利用方式应运而生，使得新能源的应用场景更加灵活多样，渗透范围不断扩大。

从政策层面来看，世界各国普遍制定了雄心勃勃的新能源发展规划，大力支持与鼓励新能源产业加速成长。以中国为例，2020年9月，中国政府明确提出力争于2030年前实现碳达峰、于2060年前实现碳中和的目标，这无疑为新能源产业的发展指明了方向。为此，中国政府出台了一系列支持政策，包括可再生能源电力配额制、可再生能源补贴等，大幅提升了新能源的经济性和市场竞争力。类似地，欧盟、美国、日本等发达经济体也制定了宏大的新能源发展战略，计划在2050年前实现能源体系的根本性转型，新能源在其中扮演着至关重要的角色。

(二)节能产业的技术创新与可持续发展

随着能源短缺和环境污染问题的日益严峻，加快节能产业的技术创新、实现节能与可持续发展已成为全社会的共识。节能建筑和高效能源管理系统是节能产业的两大核心领域，它们代表了节能技术创新的最新方向和发展趋势。

节能建筑通过在建筑设计、材料选择、施工工艺等方面采用先进的节能技术，能够最大限度地减少建筑能耗，提高建筑使用效率。被动式超低能耗建筑、近零能耗建筑等新型节能建筑模式不断涌现，标志着节能建筑技术的重大突破。同时，建筑信息模型（BIM）、大数据分析等信息技术在节能建筑中的应用日益深入，为建筑全生命周期的能效管理提供了有力支撑。节能建筑的发展不仅能够有效减少建筑部门的能源消耗，还将带动绿色建材、智能家居等相关产业的技术进步，形成良性互动。

高效能源管理系统则立足于提高能源利用效率来优化能源系统运行方式。智慧能源管理平台通过集成物联网、云计算、人工智能等新一代信息技术，实现了对能源系统的实时监测、智能调度和优化控制，大幅提升了能源管理的精细化水平。在工业领域，能源管理系统与智能制造技术深度融合，助力企业实现对能源的精细化管理和柔性化生产，推动工业能效水平的整体跃升。在城市管理方面，智慧能源管理系统构建起覆盖能源生产、输配、消费全过程的数字化管控平台，为城市能源规划、调度、应急响应等提供科学决策支撑，提高城市能源系统的安全性、经济性和环保性。

节能建筑和高效能源管理系统的技术进步离不开产学研用各方的协同创新。高校和科研院所要加强对节能技术的基础研究，突破核心技术；企业要勇于承担作为创新主体的责任，加大技术研发投入，推动科技成果产业化；政府要加强政策引导和制度保障，完善节能标准规范，优化节能产业发展环境。只有多方携手，形成创新合力，才能不断深化节能产业技术创新，推动节能与可持续发展目标的实现。

当前，节能正在从单一的技术手段向系统解决方案转变，从局部优化向全局优化升级，从被动适应向主动引领跃迁。未来，数字化、智能化将成为节能产业技术创新的主旋律，信息技术与节能技术的深度融合将催生一批颠覆性创新成果，为高新技术产业乃至整个国民经济的绿色转型和高质量发展注入强大动力。节能建筑和高效能源管理系统作为节能技术创新的排头兵，必将对达成构建清洁低碳、安全高效的现代能源体系这一目标发挥更加重要的作用，助力实现人与自然和谐共生的美好愿景。

（三）数字化在新能源与节能产业中的实践

从能源生产到消费的各个环节，数字化技术都发挥着不可替代的作用。在新能源领域，数字化技术助力实现了可再生能源的高效开发和利用。以风电和光伏发电为例，通过大数据分析和人工智能算法，可以精准预测风速、风向、日照强度等自然条件，优化发电设备的运行参数，提高发电的效率。同时，数字化技术还能实现对新能源电站的远程监控和故障诊断，降低运行和维修成本，保障电站的安全稳定运行。

在节能领域，数字化技术的应用更是不可或缺。建筑能耗是能源消费的主要组成部分，数字化技术为建筑节能提供了新思路。通过物联网传感器来实时采集建筑能耗数据，利用云计算平台来进行大数据分析，可以精准识别能耗异常，优化能源管理策略。智能化的楼宇控制系统能够根据环境条件和使用需求，自动调节照明、空调、电梯等设备的运行状态，最大限度地减少能源浪费。

五、航空航天产业

（一）航空航天产业的战略地位与技术发展

航空航天技术的研发水平不仅关乎国防安全，更影响着国家在国际舞台上的话语权和主导力。我国高度重视航空航天产业的发展，将其列为国家战略性新兴产业，并持续加大政策支持和资金投入力度。

1.载人航天

载人航天是我国航天事业的重要组成部分，也是彰显大国实力的重要标志。从1992年"921工程"正式立项，到2003年"神舟五号"首次载人航天飞行成功，再到2021年"神舟十二号"与"天和"核心舱成功对接，中国人一步一个脚印，最终在载人航天领域取得了举世瞩目的成就。这一过程凝结了几代航天人的心血，展现了我国航天科技的长足进步。未来，随着空间站建设的全面推进，我国载人航天事业必将迎来更加辉煌的明天。

2.卫星导航

北斗卫星导航系统作为我国自主建设、独立运行的全球卫星导航系统，在交通运输、农林渔业、应急救援等领域发挥着不可替代的作用。从2000年正式立项，到2020年全面建成，北斗系统经历了三个阶段的发展，从区域到全球，从有源到无源，实现了导航精度和服务能力的跨越式提升。未来，北斗系统将进一步优化系统性能，扩大行业应用，为经济社会发展注入新动能。

3.深空探测

作为航天强国，我国高度重视在深空探测领域的战略布局和技术发展。2007年，我国首个月球探测器"嫦娥一号"成功发射，拉开了我国月球探测的序幕。随后,“嫦娥二号”“嫦娥三号”“嫦娥四号”“嫦娥五号”接连取得重大突破,实现了绕、落、回的完美闭环。2020 年,我国首次火星探测任务“天问一号”发射成功,掀开了我国行星探测的新篇章。未来,小行星采样返回、木星系及行星际穿越等深空探测计划也将稳步推进,这些必将进一步提升我国深空探测能力,推动人类探索宇宙的步伐。

(二)航空航天产业的经济效益与社会影响

随着现代科技的进步和国防建设的需要,航空航天产业已经突破了单纯的军事领域,呈现出军民融合、多领域协同发展的新格局。这不仅为航空航天产业注入了新的发展动力,也为国民经济的增长提供了强劲引擎。

从经济效益的角度来看,航空航天产业具有高技术、高投入、高附加值、高辐射的特点。它涉及电子信息、新材料、先进制造等众多高新技术领域,对相关产业的带动作用显著。以大型客机研制为例,其零部件种类多达上百万个,涉及电子、机械、材料等多个学科,带动了上下游产业链的发展。同时,航空航天技术的研发成果还能够扩散到汽车、轨道交通、船舶等行业,形成强大的技术溢出效应。可以说,没有航空航天产业的进步,就难以支撑起现代工业体系的“四梁八柱”。

从社会影响的层面来看,航空航天产业是彰显国家科技实力和综合国力的重要标志。一个国家的航天水平,在很大程度上反映了其工业基础、技术积累和创新能力。当前,以美国为代表的发达国家在航空航天领域保持着明显优势,而我国则正处于从航天大国向航天强国迈进的关键阶段。近年来,我国成功发射“天宫”系列空间实验室、“嫦娥”系列月球探测器、“天眼”500 米口径球面射电望远镜等,展现了自身雄厚的航天实力,提升了国际影响力。未来,随着我国的载人航天、深空探测等重大工程的进一步实施,必将进一步激发全民航天热情,凝聚民族自豪感和自信心。

航空航天产业的发展离不开军民融合的有力推动。长期以来,由于体制机制等方面的障碍,我国军用航空航天技术与民用领域存在着严重“壁垒”,难以实现有效的对接。随着国家顶层设计的完善和配套政策的出台,军民融合发展上升为国家战略,这为航空航天产业注入了澎湃动力。一方面,先进的军用航天技术加快向民用领域转化的速度,催生出了卫星应用、商业航天等新兴产业;另一方面,以市场为导向的民用航天企业迅速崛起,成为航天产业发展的生力军。可以预见,随着“官民共建、寓军于民”的新型军民融合格局的构建,必将打通军民技术壁垒,优化资源配置,推动航空航天产业实现跨越式发展。

此外，航空航天产业还肩负着维护国家主权和保护领土完整的重任。在当前复杂多变的国际形势下，一些国家试图在太空领域谋求军事优势，威胁我国航天安全和战略利益。为了维护太空安全，捍卫国家主权，我国必须加快推进航天强国建设，突破关键核心技术，完善航天基础设施，提升太空作战能力。只有建立起完备的天基信息系统和空间打击武器，形成全时域、全要素、全频段的立体防护体系，才能有效应对各种航天安全挑战，为经济社会发展营造一个良好的太空环境。

（三）数字化在航空航天工业中的应用进展

数字化技术在航空航天工业中的应用日益广泛和深入，不仅提升了航空航天工业的生产效率和产品质量，更推动了行业的创新发展。智能制造和远程控制技术是数字化在航空航天领域应用的典型代表，它们改变了传统的生产模式和管理方式，为行业注入了新的活力。

智能制造技术利用人工智能、大数据、物联网等前沿技术，实现了生产过程的智能化和自动化。在航空航天制造业中，智能制造技术得到了广泛应用。例如，在飞机制造过程中，智能机器人可以精确地完成复杂的装配任务，3D 打印技术可以快速制造复杂的零部件，数字孪生技术可以实现对产品全生命周期的虚拟仿真和优化。这些技术的应用大大提高了生产效率，减少了人为错误，保证了产品质量的稳定性和可靠性。同时，智能制造技术还有助于实现柔性化生产，满足日益多样化的市场需求。

远程控制技术则突破了时空限制，实现了对航空航天设备的远距离监控和操控。在卫星管控、深空探测等领域，远程控制技术发挥着关键作用。通过高速数据传输和实时通信，地面控制中心可以与遥远的航天器进行信息交互，实现对其姿态、轨道、payload 等关键参数的实时监测和控制。同时，远程控制技术还可以支持地面实验室与空间实验设施的联合操作，突破了传统实验模式的局限性。此外，在飞机故障诊断、预防性维护等方面，远程控制技术也有着广阔的应用前景，它可以提高飞机的安全性和可用性。

数字化技术在航空航天工业中的应用还面临着一些挑战。首先，航空航天产品对可靠性和安全性有极高要求，数字化系统必须要经过严格的验证和测试，要确保其稳定性和可靠性。其次，数字化技术的应用需要大量的高素质复合型人才，行业需要加大人才培养力度，构建与之相适应的教育体系。最后，数字化转型需要企业进行组织变革和流程再造，需要克服观念障碍和利益藩篱，建立起一个协同高效的运作机制。

第二章　高新技术产业数字化基础建设

第一节　大数据技术

一、大数据的特性

大数据作为信息技术发展的重要成果，以其海量性、多样性、高速性、价值性等典型特征，正在深刻影响和重塑着社会经济发展的方方面面。透过表象看本质，大数据的内在价值源于其对复杂事物和现象的精准刻画能力。体量、速度、多样性、准确性和价值构成了大数据的五大基本特性，共同塑造了大数据分析的独特优势。

体量是大数据最直观的特征。随着数字化进程的加速推进，数据呈现出爆炸式的增长态势。据统计，全球数据总量从 2010 年的 1.2ZB 增长到了 2020 年的 59ZB，预计到 2025 年将达到 175ZB。如此庞大的数据规模为全面刻画复杂事物、精准洞察演化规律提供了前所未有的可能。海量数据蕴含着丰富的价值，犹如蒙尘的“矿藏”，等待着人们去发掘和利用。

速度是大数据区别于传统数据分析的关键因素。在数字化时代，数据产生和更新的速度远超从前。据估计，全球每天产生的数据量高达 2.5EB。这意味着，数据分析需要实现从静态向动态、从事后向实时的转变。借助云计算、边缘计算等先进技术，大数据分析能够对高速流动的数据实时处理，并且可以快速捕捉变化趋势，从而为科学决策提供有力支撑。

多样性是大数据的显著特点。伴随着互联网、物联网的发展，数据呈现出了空前的异构性。结构化数据、半结构化数据、非结构化数据交织并存，形成了纷繁复杂的数据景观。文本、图像、视频、音频等多源数据的交叉融合，不仅拓展了数据分析的广度，更极大地丰富了数据价值的维度。多样性为大数据分析提供了全景式视角，使其能够更加立体地刻画事物本质。

准确性是大数据分析的内在要求。海量异构数据中往往混杂着大量噪声和冗余，这对数据质量提出了严峻挑战。数据治理成为大数据应用的必要前提。通过数据清洗、数据标准化、数据去重等一系列处理，来提升数据的准确性和一致性，才能确保分析结果的可靠性。高质量的数据是大数据创造价值的基石，准确性是数据价值的重要体现。

价值是大数据的核心所在。大数据蕴藏着丰富的商业价值、管理价值和社会价值，这是其他的数据形态难以比拟的。从个性化推荐到精准营销，从智慧城市到智慧医疗，大数据正在为经济社会发展注入新动能。数据已经成为驱动创新的关键要素，谁掌握了数据，谁就掌握了发展主动权。价值是检验大数据应用成效的根本标准，实现数据价值最大化，是大数据发展的不竭动力。

二、大数据采集与预处理技术

（一）数据采集技术

在大数据时代的背景下，数据采集技术的发展日新月异，这为高新技术产业的数字化转型提供了重要支撑。传统的数据采集方式已无法满足海量、多源、异构数据的获取需求，亟须创新的技术手段来应对新的挑战。多源数据的采集与整合是大数据处理的首要环节，会直接影响后续分析挖掘的效果。

物联网是实现多源数据采集的重要途径。通过在各类设备、装备上部署传感器，可以实时感知和采集环境参数、运行状态等数据。RFID技术则可以利用无线射频通信，实现对物品的自动识别和数据采集。随着5G通信技术的发展，物联网数据的传输速率和可靠性将进一步提升。同时，移动互联网的普及也极大丰富了数据来源，用户在移动设备上产生的位置信息、社交互动、消费行为等数据为企业提供了洞察用户需求的新视角。

多源异构数据的整合是数据采集过程中的关键环节。不同来源的数据在格式、语义上往往存在差异，如何将其映射到统一的数据模型中是一大难题。语义网技术为异构数据的整合提供了有力工具，通过本体构建和语义标注，可以明确数据元素之间的关联，实现语义层面的互操作。此外，数据交换格式的标准化也是实现数据互通的重要手段。JSON、XML等通用数据格式的使用，可以降低不同系统之间的数据交互成本。

大数据环境下，数据采集还面临着数据质量的挑战。在海量数据中难免会存在噪声、缺失、冗余等问题，在采集阶段就对数据进行清洗和预处理，是保证数据分析可靠性的关键。数据质量评估方法的研究，如完整性、一致性、准确性等维度的量化指标，可以帮助识别和修正数据中的错误。此外，数据治理机制的建立，包括元数据管理、数据血缘追踪、数据安全策略等,也是提升数据质量的重要举措。

隐私保护是在大数据采集过程中的不可忽视的一环。用户数据的大规模采集可能会侵犯个人隐私,引发安全隐患。因此,数据脱敏技术在数据采集阶段就应该引起重视。通过加密、匿名化等手段,可以在保护隐私的同时实现数据的充分利用。同时,建立健全的数据安全管理制度,明确数据采集、存储、使用的规范,也是保障用户权益的必要举措。

(二)预处理技术

对大数据进行预处理的目的是提高数据质量,为后续的存储、管理和分析奠定坚实基础。数据预处理主要包括数据清洗和数据转换两个方面。

数据清洗是指识别并纠正数据中的错误、不一致、重复或缺失等问题,以确保数据的准确性和完整性。常见的数据清洗技术包括异常值检测、缺失值处理、重复数据消除等。异常值检测能够利用统计学方法或机器学习算法,识别出明显偏离正常范围的数据点,并对其进行修正或删除。缺失值处理则根据数据的特点和业务需求,采用均值填充、回归插值、多重插补等方法来估计缺失值。重复数据消除通过定义唯一性约束,识别并合并或删除重复记录,进而保证数据的唯一性。

数据转换则侧重于将原始数据转化为适合存储、管理和分析的形式。这一过程包括数据集成、数据规范化、数据离散化等步骤。数据集成是指将来自不同来源、格式的数据整合到统一的数据存储中,形成一致的数据视图。这需要解决数据异构性问题,如字段命名不一致、数据类型不匹配等。数据规范化是对数据进行结构调整,消除冗余,提高数据的一致性和可维护性。常用的规范化方法有第一范式、第二范式、第三范式等。数据离散化则是将连续型数据映射到离散的区间或类别中,如将年龄数据划分为青年、中年、老年等,以便于某些数据挖掘算法的应用。

高效的数据预处理离不开专门的工具和平台支撑。当前,Hadoop生态系统中提供了一系列数据预处理工具,这些工具是基于分布式计算框架而实现的,能够满足海量数据预处理的性能需求。同时,一些数据质量管理平台提供了可视化的数据预处理流程设计与监控功能,这极大地降低了数据预处理的门槛。

大数据预处理技术的发展,极大地拓展了数据分析的广度和深度。一方面,数据清洗和转换技术的进步,使得原本难以利用的非结构化数据、噪声数据等也能够被纳入分析范畴,为大数据应用注入了新的活力。另一方面,规范化、标准化的数据形式,也为数据共享与融合创造了条件,促进了跨领域、跨平台的数据协同分析。可以预见的是，随着人工智能、知识图谱等前沿技术与数据预处理的深度融合，数据预处理技术必将迎来新的突破，为大数据在各行各业的创新应用提供更加有力的支撑。

三、大数据存储与管理技术

（一）存储技术

在高新技术产业创新的数字化转型浪潮中，海量数据资源的汇聚对传统数据存储架构带来了严峻的挑战。分布式存储系统作为大数据时代的核心支撑技术，以其高可扩展性、高可用性、高性能等优势，为海量数据的存储和管理提供了全新的解决方案。

分布式存储系统通过将数据分散存储在多个节点上，突破了传统集中式存储的容量瓶颈，实现了存储空间的横向扩展。当数据量不断增长时，只需增加存储节点即可实现存储能力的线性扩展，满足高新技术产业数据量级持续膨胀的需求。同时，分布式存储系统采用多副本容错机制，能够将数据复制到多个节点，即使部分节点发生故障，也能确保数据的完整性和可访问性，这大大提升了数据存储的可靠性。

分布式存储系统的架构设计充分利用了数据的局部性原理。它能够根据数据访问的热度，将频繁访问的数据保存在高速缓存或内存中，加快数据的读取速度。而对于冷数据，则可以采用分层存储策略，将其迁移到访问速度较慢但成本更低的存储介质中，在满足数据访问需求的同时，降低了存储成本。这种存储架构有效平衡了高新技术产业对数据访问性能和存储经济性的双重诉求。

为了保证分布式存储系统的一致性和数据完整性，其架构设计中还引入了复杂的数据同步和一致性协议。例如，Paxos 和 Raft 等分布式一致性算法，通过多数派投票机制，确保分布在不同节点上的数据副本始终保持一致。而对于跨地域的数据同步，则采用基于时间戳或版本号的最终一致性模型，在保证数据最终一致性的前提下，提供了更灵活的数据更新方式。

分布式存储系统在高新技术产业的创新实践中不断迭代演进，衍生出了多种架构模式。其中，对象存储以其无限扩展能力和优秀的访问性能，成为非结构化数据存储的首选；分布式文件系统如 HDFS，为大数据分析平台提供了高吞吐的数据访问支持；NoSQL 数据库则针对不同数据模型和业务场景，提供了灵活多变的数据存储和查询方式。这些多样化的分布式存储架构，为高新技术产业的数字化创新提供了最佳的数据存储底座。

随着高新技术产业数字化转型的不断深入，分布式存储系统也在创新的路上不断探索。融合存储架构可以通过软件定义的方式，将分布式存储与传统存储进行融合，简化了异构环境下的数据管理；基于 NVMe over Fabric 的存储架构，利用 RDMA 等高速网络技术，大幅提升了分布式存储的访问性能；而面向新硬件的存储架构创新，则瞄准了新一代存储介质，如 NVM、QLC NAND 等，进一步突破了存储密度和性能的极限。

（二）管理技术

海量异构数据的汇聚，使得传统的集中式存储与管理模式难以为继，亟须新的技术策略来保障数据的完整性、一致性和机密性。

1. 分布式存储系统

分布式存储系统的出现为解决这一难题提供了新的思路。通过将数据分散存储在多个节点，既可以提高数据的可用性和容错能力，又能防止单点故障造成的数据丢失。然而，在分布式环境下，如何确保数据在传输和存储过程中不被篡改、窃取，是一个亟待解决的关键问题。

2. 密码学技术

通过对敏感数据进行加密，即使数据泄露，也难以被非法窃取和利用。同态加密、多方安全计算等前沿密码学技术的发展，进一步增强了在分布式场景下的隐私数据的安全性。在数据加密的同时，区块链技术为数据溯源和验证提供了新的解决方案。区块链利用其去中心化、不可篡改等特性，记录数据产生、流转的全过程，确保了数据的可信和可追溯。将区块链与分布式存储相结合，可以构建一个更加安全可靠的大数据管理体系。

3. 访问控制

细粒度的访问控制策略，可以精准限定不同角色对数据的访问权限，防止内部人员的越权操作和外部攻击者的非法访问。基于属性的访问控制（ABAC）、基于角色的访问控制（RBAC）等先进的访问控制模型，为实现动态、灵活的权限管理提供了有力支撑。同时，严格的身份认证机制，如双因素认证、生物特征识别等，能够从源头上防范假冒用户窃取数据。

4.数据备份与容灾

定期的数据备份，能够最大限度地减少因软硬件故障、人为失误等原因而导致的数据丢失。异地多副本备份，可以提高数据的可用性和容灾能力。当某一数据中心发生故障时，可以快速切换到其他数据中心，保证业务的连续性。冷备份、热备份、增量备份等多种备份策略的灵活组合，能够兼顾到数据安全与成本效益两方面。

5.数据安全治理

面对日益复杂的数据安全形势，单纯依靠技术手段已远远不够，还需要从管理和制度层面入手，构建全方位、多层次的安全防护体系。建立健全数据安全管理制度，明确各岗位的职责权限，规范数据采集、传输、存储、访问、审计等各环节的操作流程，是保障数据安全的重要基石。同时，加强安全意识教育，提高全员的安全防范意识和技能，营造良好的数据安全文化氛围，也是筑牢数据安全防线的有效举措。

四、大数据分析技术

随着海量数据的快速积累，传统的数据处理方法已难以满足企业对数据价值挖掘的需求。从数据挖掘到机器学习，再到深度学习，一系列前沿分析技术的出现为企业洞察数据内在规律、优化业务决策提供了新路径。

数据挖掘是大数据分析技术发展的重要起点。它通过对海量数据进行抽取、转换、加载等预处理，再运用统计学、机器学习等方法来发现在数据中隐藏的模式和关联。这些知识可以帮助企业理解用户行为、优化运营策略、创新产品服务。例如，电商平台利用数据挖掘技术来分析用户浏览、购买历史，为其推荐个性化商品；制造企业通过设备运行数据挖掘，来预测设备故障，从而实现预防性维护。数据挖掘让埋藏于海量数据中的商业价值得以释放，并且为企业决策提供了科学依据。

在数据挖掘基础上，机器学习进一步提升了大数据分析的智能化水平。它旨在赋予计算机系统从数据中自主学习的能力，使计算机系统无须人工显式编程即可对新数据做出准确判断或预测。机器学习可大致分为监督学习、无监督学习和强化学习三类，广泛应用于图像识别、自然语言处理、推荐系统等领域。以无人驾驶为例，汽车企业利用机器学习算法分析环境感知数据，实现车辆的自动避障、车道保持等功能，大大提升了驾驶的安全性和智能化水平。机器学习使计算机系统具备了一定的自主学习和分析能力，正在加速推动着人工智能在高新技术产业中的应用。

深度学习是机器学习的进阶，通过模拟人脑神经网络结构，来构建多层次的学习网络，实现了对高维复杂数据的特征提取和抽象表示。基于海量数据的训练，深度学习模型展现出了惊人的感知和认知能力，在语音识别、计算机视觉等方面取得了突破性进展。例如，科技巨头纷纷利用深度学习算法来打造智能语音助手，用户通过自然语言交互即可完成信息查询、设备控制等任务；在医疗影像分析领域应用深度学习，通过海量医学影像数据训练，来辅助医生进行疾病诊断，进而提升诊断的准确率和效率。深度学习正在引领着人工智能迈向更高的智能化水平，为高新技术产业注入了新的创新动力。

五、大数据在高新技术产业的应用价值

(一)创新研发

大数据技术的发展为高新技术产业的创新研发注入了新的动力。随着数据采集、存储、处理和分析能力的不断提升，企业可以更加全面、深入地洞察市场需求，优化产品设计，加速新产品的研发进程。

在产品设计环节，大数据技术可以帮助企业精准把握用户需求。通过收集和分析海量的用户行为数据，如用户的搜索记录、浏览历史、购买行为等，企业能够深入了解到用户的偏好、痛点和潜在需求。这些洞察为产品设计提供了宝贵的参考，使得新产品能够更加贴合市场需求，进而提升用户满意度和忠诚度。同时，大数据驱动的用户画像和细分也为产品的个性化定制提供了可能，企业可以针对不同用户群体来设计差异化的产品和服务，实现精准营销和差异化竞争。

在研发过程中，大数据技术也发挥着关键作用。企业可以利用大数据平台来整合内外部的研发数据，包括实验数据、测试数据、专利数据等，实现研发数据的集中管理和共享。这不仅提高了数据利用效率，避免了数据孤岛的出现，更为研发团队提供了全面、准确的决策支持。通过对研发数据的挖掘和分析，研发人员能够及时发现问题，优化设计方案，缩短研发周期。例如，通过对实验数据的分析，可以快速筛选出最优的材料配方或工艺参数；通过对专利数据的挖掘，可以全

面了解技术发展趋势，规避知识产权风险。

此外，大数据技术还为产品创新提供了新的思路和方向。通过分析海量的跨领域数据，挖掘不同行业、不同领域之间的关联，企业可以开拓出全新的产品和服务领域，实现跨界创新。例如，通过分析用户的健康数据和饮食数据，食品企业可以开发出定制化的健康食品；通过分析交通数据和能源数据，汽车企业可以研发出智能交通系统和新能源汽车。这种数据驱动的创新模式正在成为高新技术产业发展的新趋势。

(二)市场战略

在大数据时代，高新技术产业的市场竞争日趋激烈，企业面临着前所未有的挑战和机遇。大数据作为一种新兴的战略资源，正在深刻影响着企业的决策方式和商业模式。企业如何利用大数据技术来实现精准的市场预测和科学决策，已经成为决定其未来发展的关键因素。

大数据驱动的市场预测能够帮助企业洞察市场动态，把握消费者需求，提升决策的针对性和有效性。传统的市场调研往往依赖于抽样调查和主观判断，存在样本量小、时效性差等局限。而大数据技术则可以实时收集和分析海量的用户行为数据，通过挖掘其中蕴含的价值信息，来准确把握市场趋势和消费者偏好。例如，电商平台通过分析用户的浏览、搜索、购买等行为数据，可以精准预测其购买意向，进而对用户开展个性化推荐和精准营销。这不仅提升了用户体验和用户转化率，也为企业带来了可观的经济效益。

大数据还能够优化企业的资源配置和运营管理，提升决策的科学性和合理性。传统的企业决策往往依赖于管理者的经验和直觉，存在着主观性强、风险高等问题。而大数据技术则可以通过数据挖掘和机器学习等方法，来揭示企业运营中的规律和问题，为管理者提供客观、可靠的决策依据。例如，制造业企业可以通过分析设备运行数据，预测其故障风险，制定针对性的维护策略；零售企业可以通过分析销售数据，来优化库存管理和补货策略，减少库存积压和缺货风险。这些数据驱动的决策不仅提高了企业运营的效率和质量，也增强了其市场竞争力和风险抵御能力。

当然，大数据在赋能企业决策的同时，也对其数据管理和分析能力提出了更高的要求。企业需要构建完善的数据治理体系，应确保数据的质量、安全和合规性；同时，还需要培养复合型的数据人才，要求他们掌握数据分析、挖掘、可视化等关键技术。只有不断夯实数据基础，提升数据应用水平，企业才能真正实现数据驱动的精准决策和创新发展。

第二节　云计算技术

一、云计算的基本概念

（一）云计算的定义

云计算作为一种创新的计算模式，可以通过互联网提供按需自助服务，正在深刻影响着社会经济的方方面面。它突破了传统计算资源的束缚，使得用户能够随时随地获取所需的计算、存储和网络资源，极大地提升了资源利用效率和服务质量。云计算的核心理念在于，将大量的计算资源连接起来并形成一个巨大的资源池，用户可以根据自身需求，灵活地从资源池中获取所需的资源，并按照实际使用量来付费。这种“用多少，付多少”的计费模式，不仅节约了用户的 IT 投入成本，也避免了资源的浪费和闲置。

从技术角度来看，云计算是建立在虚拟化、分布式计算、Web 服务等技术基础之上的。通过虚拟化技术，可以将物理服务器抽象为多个逻辑上独立的虚拟机，每个虚拟机都拥有独立的操作系统、应用程序和数据，从而能够实现计算资源的动态分配和隔离。分布式计算技术则使得大规模并行计算成为可能，通过将复杂的计算任务分解为多个子任务来并行执行，可以显著提高计算效率。Web 服务技术为云计算提供了标准化的接口和协议，使得不同的云服务之间能够互联互通，进而形成一个开放、灵活的云生态系统。

云计算的服务模式主要包括基础设施即服务（IaaS）、平台即服务（PaaS）和软件即服务（SaaS）三种。IaaS 为用户提供了最基本的计算、存储和网络资源，用户可以在此基础上部署自己的操作系统、中间件和应用程序。PaaS 在 IaaS 的基础上，提供了更高层次的开发平台和工具，使得用户能够快速开发、测试和部署应用程序。SaaS 则直接为用户提供基于 Web 的应用程序，用户无须关心底层基础设施和平台，只需通过浏览器即可访问所需的软件功能。

云计算的部署模式可分为公有云、私有云和混合云。公有云是由第三方服务提供商建设和运营的，面向公众用户提供服务，如亚马逊 AWS、微软 Azure 等。私有云是由企业或组织自建的云计算环境，仅供企业或组织内部用户使用，可以更好地满足特定的安全和性能需求。混合云则是公有云和私有云的结合，通过统一的管理平台，可以实现不同云环境之间的无缝对接和资源共享。

云计算的应用领域十分广泛，涵盖了电子商务、金融服务、医疗卫生、教育科研、政务服务等各个行业。在电子商务领域，云计算可以帮助企业应对在业务高峰期内的巨大访问压力，为企业提供弹性扩展的计算和存储资源。在金融服务领域，云计算可以加速金融产品的创新和上市，提高风险管理和数据分析的效率。在医疗卫生领域，云计算可以实现医疗信息的共享和融合，并支撑远程医疗和个性化医疗服务。在教育科研领域，云计算可以为师生提供海量的教学资源和科研数据，促进教育公平和科研创新。

随着云计算技术的不断发展和成熟，其在高新技术产业上的应用也日益深入。一方面，云计算为高新技术企业提供了强大的计算和存储支撑，使其能够专注于核心业务的创新和发展。另一方面，云计算也催生了众多新型业态和商业模式，如云制造、云设计等，这些为传统产业的转型升级注入了新的动力。越来越多的高新技术企业开始将业务迁移到云端，利用云计算的优势来提高研发效率、加速产品迭代、拓展市场空间。

（二）云计算架构的组成

云计算的架构主要由三大服务模型和四种部署方式构成，它们相互配合，形成了一个完整而灵活的计算模型。三大服务模型分别是基础设施即服务（IaaS）、平台即服务（PaaS）和软件即服务（SaaS），它们代表了云计算服务的不同抽象层次。IaaS 提供了最基础的计算、存储和网络资源，用户可以在其上部署和运行任意的操作系统和应用程序。PaaS 在 IaaS 之上提供了应用开发和部署平台，可以帮助开发者简化应用程序的构建、测试和管理。SaaS 则直接向用户交付通过互联网访问的软件应用，免除了应用的安装、维护和升级。

四种部署方式包括公有云、私有云、社区云和混合云，它们反映了云计算资源的所有权和管理方式。公有云由第三方服务提供商拥有和运营，面向公众开放，用户可以按需租用资源。私有云由单一组织专属使用，部署在内部数据中心或托管机构，拥有更高的安全性和可控性。社区云由多个组织共同拥有和使用，面向特定的业务领域或用户群体。混合云则将两种或多种部署模式结合起来，实现本地资源与云资源的无缝集成。

云计算架构的开放性和兼容性，使得不同服务商的云平台能够实现互操作和协同。统一的 API 接口和标准化协议，如 OpenStack、Docker 等，促进了云服务的可移植性和互联互通。这不仅方便了用户在不同云平台之间迁移应用和数据，也推动了云生态系统的繁荣发展。云服务提供商、ISV、系统集成商等多方主体通力合作来不断丰富云计算产品和服务，从而为用户提供更多选择和更大价值。

从宏观来看，云计算架构的发展趋势是朝着更加融合、智能、开放的方向演进。不同服务模型之间的界限日益模糊，出现了诸如函数即服务（FaaS）、容器即服务（CaaS）等新的服务形态。人工智能、大数据分析等前沿技术与云计算深度融合，催生出智能云、行业云等创新解决方案。开源社区、行业联盟的蓬勃发展，推动了云计算标准的制定和生态的共建共享。未来，云计算架构将更加贴近业务需求，能够为全行业数字化转型提供坚实的技术底座和创新动力。

云计算架构凭借其灵活多变的服务模型和部署方式，构建起了一个开放、融合、智能的计算平台。它不仅满足了各行业用户的差异化需求，也为技术创新和产业变革提供了广阔的舞台。高新技术企业应充分理解云计算架构的内在规律，根据自身的业务特点和发展阶段，合理选择和应用云计算服务，加速数字化转型步伐，在激烈的市场竞争中赢得先机。同时，要持续关注云计算架构的发展动向，积极拥抱新技术、新模式，与云生态伙伴开展深度合作，共同推动云计算产业的繁荣发展，为数字经济时代贡献力量。

二、高新技术产业云资源管理与调度

（一）云资源管理的策略与模型

面对海量数据和复杂的应用场景，如何优化资源配置、提高利用率，已成为云计算领域亟待解决的难题。为此，科研人员和技术专家展开了广泛而深入的探索，提出了一系列行之有效的云资源管理策略与模型。

从宏观层面来看，云资源管理需要综合考虑多方面因素，包括服务质量（QoS）、能源效率、成本控制等。其中，QoS保障是重中之重。云服务商必须确保用户应用的性能和可靠性，避免因资源争用而导致的服务中断或响应延迟。为此，可采用基于优先级的资源分配策略，根据应用的重要程度动态调整资源配比。同时，引入自动伸缩机制，根据负载变化来实时调整资源规模，既可满足性能需求，又能避免资源浪费。能源效率优化是云资源管理的另一关注重点。大规模数据中心的能耗问题日益突出，不仅增加了运营成本，还带来了环境压力。因此，亟须采取有效措施，提升能效水平。比如，可利用虚拟化技术实现服务器整合，减少硬件数量；优化任务调度和资源映射算法，控制能耗；实施智能温控，降低制冷功耗。成本控制也是在云资源管理过程中不可忽视的一环。云服务商需要在保障QoS和能效的同时,最大限度地降低运营支出。这就要求建立完善的成本核算和优化机制。比如,借助市场机制来合理定价,引导用户优化资源需求;基于博弈论设计激励相容的资源分配方案,调节供需平衡;开发成本敏感的调度优化模型,在满足SLA的前提下将资源开销最小化。

从微观层面上看,虚拟机(VM)作为云环境的基本管理单元,其调度与迁移备受关注。寻找最优的VM放置组合,在满足多维资源约束(CPU、内存、I/O等)的同时,将宿主机能耗或租用成本最小化,形成了一类复杂的组合优化问题。为此,研究人员提出了多种启发式算法,如基于Greedy原则的First Fit算法、结合局部搜索的蚁群算法等,在可接受的时间内获得近似最优解。此外,有学者探索了基于机器学习的调度优化模型。通过对历史数据的挖掘分析,来学习工作负载与资源利用率之间的内在关联,从而实现调度决策的智能化。值得一提的是,随着云计算向边缘延伸,云边协同的资源管理成为新的研究热点。通过Edge Server的引入,可将计算、存储等任务卸载至用户附近,降低时延,提升服务质量。但与此同时,边缘资源的禀赋有限,难以支撑复杂的应用。因此,亟须设计合理的协同框架和调度策略,来实现云边资源的统筹优化,均衡负载,确保用户体验。这对传统的资源管理模型提出了新的挑战。

(二)云调度算法与策略

云计算的核心理念是通过虚拟化技术来实现计算资源的动态分配与灵活调度,使有限的物理资源能够满足用户不断变化的需求。然而,面对海量的用户请求和异构的计算资源,如何设计最优的资源调度方案,平衡负载均衡与系统性能,进而实现服务质量与成本效益的双赢,是一个富有挑战性的课题。

当前,学术界和工业界提出了多种云计算资源调度算法与策略,从不同角度入手来优化调度过程。一类典型的方法是基于启发式算法的调度策略,如遗传算法、粒子群优化算法等。这类算法借鉴了自然界的智能行为,通过迭代搜索逼近最优解,能够在可接受的时间内获得近似于最优解的调度方案。另一类方法是基于市场机制的调度策略,引入价格、竞价等经济学概念,通过供需博弈实现资源的合理分配。这类策略能够较好地体现用户的实际需求,提高资源的利用效率。此外,一些研究还探索了基于机器学习的调度方法,利用强化学习、深度学习等技术,从历史数据中自动学习和优化调度策略,使系统能够根据工作量的动态变化调整资源分配。

在实际的云计算系统中，资源调度还需要综合考虑多个 QoS 指标，如任务的截止时间、优先级、可靠性等。单一的调度目标难以满足日益多样化的用户需求，因此需要在不同的 QoS 指标之间来进行权衡，寻求全局最优的调度方案。一些学者提出了多目标优化的调度模型，通过设置权重系数，将多个优化目标转化为单目标问题后再进行求解。这类方法能够根据用户或系统的偏好，灵活地平衡不同的 QoS 指标，提供个性化的服务质量保障。同时，云计算环境下的任务到达具有动态性和突发性，传统的静态调度算法难以应对负载的急剧变化。因此，一些研究提出了在线动态调度策略，根据系统当前状态和任务特征实时调整资源分配，从而提高系统的鲁棒性和适应能力。

资源调度的另一个关键问题是虚拟机的放置与迁移。如何选择最优的物理主机来容纳新创建的虚拟机，如何动态地将虚拟机从低利用率的主机迁移到高利用率的主机上，对于提高数据中心的能效比和降低运营成本具有重要意义。一些学者设计了启发式的虚拟机放置算法，如基于贪心策略、模拟退火等，在满足虚拟机 SLA 的前提下，优化整个数据中心的能耗与负载分布。另一些研究则关注虚拟机动态迁移的调度策略，通过实时监测虚拟机资源利用情况，采用负载均衡、负载整合等方法，来实现物理主机的弹性伸缩，以适应云环境下动态变化的资源需求。此外，虚拟机迁移调度还需要考虑迁移成本和网络拓扑因素，设计局部性感知、流量最小化的调度机制，以降低迁移开销，提升用户体验。

三、高新技术产业云服务开发与应用

（一）云服务开发平台的特点

云服务开发平台采用了面向服务的架构（SOA）设计理念，将各种应用功能封装成标准化的服务，通过统一的接口和协议来实现服务之间的互联互通。这种松耦合、可复用的架构特性，极大地提高了云服务的灵活性和可扩展性。开发者可以根据业务需求，快速组合和集成不同的服务，构建出功能丰富、性能优异的应用系统。

同时，云服务开发平台还提供了一站式的开发环境和工具集，涵盖了需求分析、设计建模、代码编写、测试部署等全生命周期管理。开发者无须从零开始搭建开发环境，也无须担心底层基础设施的运维管理，可以聚焦于业务逻辑的实现和创新。平台通常采用可视化的拖拽式界面，支持多种主流开发语言，集成了丰富的第三方服务和开源组件，极大地降低了云服务开发的门槛和复杂程度。

此外，云服务开发平台还内置了完善的安全管控机制，提供了身份认证、访问控制、数据加密等多重防护，保障了服务的安全可靠。平台还支持弹性伸缩、负载均衡、容灾备份等高可用特性，以确保服务的稳定运行。这些特性对于高新技术产业来说至关重要，能够有效应对业务高并发、突发流量等复杂场景，提供稳定优质的用户体验。

云服务开发平台的另一大优势在于其开放性和生态性。平台通过开放 API 接口，允许第三方系统和服务的接入和集成，形成了跨平台、跨领域的服务聚合和资源共享。开发者可以利用平台提供的海量数据、算法模型、行业解决方案等，来快速实现自身的业务创新和能力提升。平台还拥有庞大的开发者社区和合作伙伴，提供了丰富的培训教程、最佳实践、咨询服务，能够助力开发者成长和企业发展。

（二）微服务架构在云服务开发中的应用

微服务架构是一种将单个应用程序设计为一组小型服务的架构风格，每个服务运行在自己的进程中，通过轻量级机制来进行通信。这种细粒度的服务划分和松耦合的架构设计，使得开发团队能够以更灵活、更高效的方式来应对快速变化的业务需求。

与传统的单体架构相比，微服务架构在云环境下展现出诸多优势。微服务的独立部署和扩展能力，使得开发团队可以针对不同服务来制定差异化的部署策略，根据实际负载情况来灵活调整资源配置，提高资源利用率。同时，微服务之间的松耦合特性也大大降低了服务间的依赖，降低了系统维护和更新的难度。当某个微服务出现故障时，其他服务依然可以继续运行，避免了由于单点失败而导致整个系统瘫痪的风险。

此外，微服务架构还为持续交付和 DevOps 实践提供了有力支撑。通过对服务的细粒度拆分，开发团队可以针对不同微服务来并行开发，加快了开发进度。微服务的独立部署特性也使得新功能的发布和回滚变得更加容易，降低了升级风险。借助自动化测试和持续集成工具，微服务架构可以显著提升代码质量和交付速度，加快业务创新的步伐。

当然，微服务架构的应用也对开发团队提出了更高的要求。服务的拆分粒度、接口设计、数据一致性等都需要开发人员进行深入思考和权衡。同时，服务间的通信、监控、调试等也变得更加复杂，需要借助服务注册发现、配置管理、链路追踪等配套设施来保障微服务架构的稳定运行。

在具体实践中，开发团队可以结合业务场景和技术基础，循序渐进地引入微服务架构。通过合理划分服务边界、定义清晰的接口协议、建立完善的监控和治理体系，逐步将单体应用转化为微服务架构。在这个过程中，容器技术和服务网格等云原生技术，可以为微服务的部署、管理和运维提供有效支撑，并进一步提升微服务架构的效能。

（三）云服务在高新技术产业中的应用与价值

云服务在高新技术产业中的应用日益广泛，为企业创新发展提供了强大的技术支撑。

一方面，云服务能够帮助企业优化 IT 基础设施，降低硬件投资和维护成本。通过将计算、存储、网络等资源部署在云端，企业可以根据业务需求灵活调整资源配置，从而提高资源利用率和运营效率。云服务提供商凭借规模效应和专业优势，能够为企业提供高可用、高性能的 IT 服务，确保业务连续性和数据安全性。

另一方面，云服务为企业技术创新提供了丰富的工具和平台。云计算平台集成了大数据、人工智能、物联网等前沿技术，企业可以利用这些技术来快速构建和部署创新应用，加速新产品、新服务的研发和推广。例如，某高新技术企业利用云服务搭建了数据湖和机器学习平台，通过对海量工业数据进行采集、存储和分析，优化了产品设计和生产工艺，显著提高了产品质量和生产效率。云服务还为企业提供了开放的生态系统和 API，便于企业与合作伙伴、开发者共建创新解决方案，拓展自身的业务边界和盈利模式。

此外，云服务助力高新技术企业实现业务创新和模式创新。借助云计算的弹性扩展和按需付费特性，企业可以快速响应市场变化，探索新的业务场景和商业模式。例如，某智能制造企业基于云平台构建了面向小批量、多品种生产的 C2M 模式，客户可以在线定制个性化产品，企业可以根据订单实时调整生产计划和供应链，这实现了柔性制造和精益生产。某新能源企业则利用云服务搭建了分布式能源管理平台，对分散的光伏、风电、储能等设备进行集中监控和调度，提供了多样化的能源服务，开拓了新的盈利点。

云服务在高新技术产业的应用还体现在协同创新和开放创新方面。云平台打破了企业边界，促进了跨部门、跨组织的协同和知识共享。研发、设计、生产、销售等环节可以在云端无缝对接，这提高了创新效率和成果转化速度。云服务也为企业与高校、科研机构、行业伙伴等开展开放创新提供了便利，各方可以在云平台上共享数据、算力、算法等创新资源,联合攻关行业共性技术难题,孵化前沿科技成果。例如,某生物医药企业与多家科研院所合作,在云端构建了新药研发平台,汇聚了分子模拟、药效筛选、临床试验等各环节的数据和工具,加快了创新药物的研发速度和产业化进程。

四、高新技术产业云安全威胁与防护

(一)云计算中的主要安全威胁

云计算环境中存在着多种潜在的安全威胁,如果不对其加以防范和应对,将严重影响高新技术产业的创新发展。数据泄露是云计算面临的重大安全隐患之一。在云环境下,海量的数据被集中存储在远程服务器上,一旦发生数据泄露事件,将给企业和用户带来巨大损失。黑客可能会利用系统漏洞或者社会工程学手段来窃取敏感数据,造成商业机密外泄、个人隐私泄露等严重后果。同时,内部人员的恶意操作也可能会导致数据泄露。未经授权的访问和下载、数据备份介质的丢失等都有可能引发数据安全事故。

服务中断是云计算中另一个值得关注的安全风险。高新技术企业往往会高度依赖云服务开展研发、生产和管理活动,一旦云服务发生中断,将直接影响企业的正常运转。网络攻击、硬件故障、自然灾害等因素都可能导致云服务中断。特别是大规模的 DDoS 攻击,可能导致云平台瘫痪,给企业带来灾难性的损失。此外,云服务提供商自身的运维不善,如软件更新失误、人为操作错误等,也可能引发服务中断事件。

数据完整性受损也是在云计算环境下的常见安全隐患。在云存储过程中,由于软硬件故障、病毒入侵、人为破坏等原因,可能导致数据损坏、丢失或被篡改。这不仅会影响数据的可用性,更可能导致业务流程混乱和决策失误。尤其是对于金融、医疗等行业,数据完整性问题可能会带来难以估量的损失和法律风险。

此外,云计算还面临着账号劫持、恶意代码植入、虚拟化安全等多种安全威胁。攻击者可能利用钓鱼、密码猜测等手段来窃取用户账号,私自访问和操纵云资源;恶意代码可能隐藏在云服务系统中,窃取数据或实施破坏;虚拟化技术自身的缺陷也可能被黑客利用,实现虚拟机逃逸,威胁宿主机和其他虚拟机的安全。

面对云计算环境中的诸多安全风险,高新技术企业必须对其高度重视,采取有效的安全防护措施。首先,要选择可靠的云服务提供商,评估其安全管理能力,签订严格的服务等级协议。其次，要加强身份认证和访问控制，严格限制敏感数据的访问权限，防止内外部人员的非法访问。再次，要重视数据加密和备份，对敏感数据进行加密存储和传输，定期开展数据备份，确保在安全事故发生时能够及时恢复数据。同时，要加强云平台的漏洞扫描和安全监测，及时发现和修复安全隐患。最后，要制定完善的安全应急预案，定期开展安全应急演练，提高安全事件的响应和处置能力。

（二）云安全防护技术

在云环境中，海量数据的集中存储和多租户共享模式，使得数据极易成为攻击者的目标。而用户对云服务商的高度依赖，也进一步加剧了数据泄露和非法访问的风险。因此，如何有效地保护云中数据的机密性和完整性，并保障合法用户的访问控制，已经成为云安全领域亟待解决的关键问题。

1.加密技术

通过对存储的数据进行加密，即使数据被非法窃取或拦截，攻击者也无法直接读取其中的敏感信息。目前，云环境中常用的加密技术有对称加密和非对称加密。对称加密速度快，适用于对大规模数据的加密保护，但密钥管理相对复杂；非对称加密计算开销大，但能够更好地支持密钥的分发和管理。在实践中，往往会采用对称加密与非对称加密相结合的方式，兼顾加密效率与密钥安全。此外，同态加密技术的出现，为云中数据的隐私保护提供了新的思路。它允许直接对密文进行计算和处理，在保证数据机密性的同时，实现了数据的可用性，具有广阔的应用前景。

2.身份认证技术

只有经过可信的身份认证，用户才能够合法地访问云服务和数据资源。传统的身份认证大多基于用户名和口令，存在着密码复杂度低、易被猜测到等问题。为了提高认证的安全性，云环境中引入了多因素认证机制，结合用户所知（如密码）、所有（如令牌）和所是（如生物特征）等多个因素，来全面验证用户身份的真实性。这大大提高了身份认证的可靠性，有效防范了恶意用户的非法访问。与此同时，单点登录技术的应用，简化了用户在多个云服务间的认证流程，改善了用户体验。用户通过一次集中认证，即可访问多个授权的云服务，无须重复进行身份验证，提高了云服务的可用性和便捷性。

3.访问控制技术

在云环境下,不同用户对云服务和数据资源拥有着不同的访问权限。访问控制技术通过定义用户的身份、角色和权限等信息,并基于一定的安全策略,来对用户的访问请求进行判断和授权,确保用户只能访问其被允许的资源和操作。常见的访问控制模型有自主访问控制(DAC)、强制访问控制(MAC)和基于角色的访问控制(RBAC)。其中,RBAC模型通过引入角色的概念,将权限与角色相关联,而用户通过被分配适当的角色来获得相应的权限,降低了权限管理的复杂度,提高了访问控制的灵活性和可扩展性。此外,属性广泛化访问控制(ABAC)模型的出现,进一步增强了云环境下细粒度的访问控制能力。它通过动态定义用户属性、资源属性、环境属性等,并基于属性的组合来制定访问控制策略,实现了更加精细和动态的权限管理。

面对日益复杂的网络环境和不断变化的安全威胁,云计算领域必须要高度重视数据保护和访问控制问题。加密、身份认证和访问控制技术作为云安全的三大支柱,在保障云服务和数据资源安全方面发挥着不可或缺的作用。只有不断加强对这些关键技术的研究和创新,并在实践中对这些关键技术进行深入的融合与集成应用,才能真正实现云环境的可信、可控和可用,推动云计算产业的健康发展。这既是云安全领域的重要课题,也是高新技术产业数字化转型的必由之路。

第三节　人工智能技术

一、人工智能基础与原理

(一)经典算法与模型解析

决策树是一种基于树形结构的分类和回归算法,其核心思想是通过对样本特征的递归划分,构建一棵由节点和有向边组成的二叉树或多叉树。在决策树的构建过程中,每个内部节点代表着一个特征属性的判断条件,每个分支代表着一个判断结果,而每个叶节点则对应着一个类别或预测值。经典的决策树算法如ID3、C4.5和CART,通过信息增益、信息增益比和基尼系数等不纯度度量,实现了对最优划分属性的选择。决策树具有可解释性强、计算复杂度低等优点,在诸如金融风控、医疗诊断等领域得到了广泛应用。

神经网络是受生物神经系统启发而提出的一类机器学习模型，其基本单元是由多个神经元组成的网络结构。在神经网络中，每个神经元接收来自上一层神经元的加权输入，通过激活函数来产生非线性变换，并将结果传递给下一层神经元。通过调整神经元之间的连接权重和阈值，神经网络能够拟合复杂的非线性函数，实现模式识别、函数拟合等任务。经典的神经网络模型包括感知机、BP 神经网络和 Hopfield 网络等，它们分别适用于二分类、多分类和联想记忆等场景。神经网络强大的非线性映射能力和灵活的网络结构，使得其在图像识别、自然语言处理等领域取得了令人瞩目的成就。

支持向量机(SVM)是一种基于统计学习理论的二分类模型，其核心思想是在特征空间中寻找一个最大间隔的超平面，使得不同类别的样本能够被超平面正确地划分。SVM 引入了核函数的概念，通过将低维空间的非线性问题转化为高维空间的线性问题，巧妙地解决了非线性分类的难题。同时，SVM 还引入了松弛变量和惩罚项，增强了模型的泛化能力和鲁棒性。经典的 SVM 算法如 C－SVM 和 v－SVM，在诸如文本分类、生物信息学等领域展现出了优异的性能。SVM“少样本学习”的特性和对高维数据的处理能力，使其在小样本场景下具有独特的优势。

(二)人工智能关键技术

机器学习作为人工智能的核心技术之一，通过对大量数据的学习和训练，计算机系统具备了自主学习、识别和预测的能力。在高新技术产业中，机器学习已经得到了广泛应用，极大地提升了生产效率和产品质量。例如，在制造业领域，机器学习算法可以对生产设备进行实时监测和故障预测，减少停机时间和维修成本；在质量检测环节，机器学习可以快速、准确地识别出产品缺陷，大幅提高产品合格率。

自然语言处理技术让机器具备了理解、分析和生成人类语言的能力，为人机交互和知识挖掘开辟了新的途径。在高新技术产业中，自然语言处理技术的应用前景广阔。例如，智能客服系统利用自然语言处理技术，可以自动解答用户咨询，提供 24 小时不间断的服务；知识图谱技术可以从海量非结构化数据中提取关键信息，援助人类专家更高效地来进行知识挖掘和决策分析。

知识表示是人工智能系统的另一项关键技术，它致力于将现实世界的知识以计算机可理解的形式来进行表示和组织。在高新技术产业中，知识表示技术可以用于构建行业知识库、专家系统等，并为企业决策提供智力支持。例如，材料专家系统利用知识表示技术，将材料领域专家的经验、知识进行系统性表示，辅助材料的选型、配比等工作，加速新材料的研发和应用。

人工智能关键技术与高新技术产业的融合，正在催生一系列新产品、新业态和新模式。机器学习让生产过程更加智能化，自然语言处理拓展了人机交互的新维度，知识表示则为专家决策赋予了新的可能。这些技术的协同应用，不仅提升了产业创新效率，更塑造了智能时代的新业态，推动高新技术产业向价值链的高端迈进。

二、智能机器人在高新技术产业中的应用

(一)智能机器人的组成与功能

智能机器人的核心功能模块包括感知、认知和执行三个部分。

1.感知模块

感知模块是机器人获取外部环境信息的关键，通过各种传感器如视觉、听觉、触觉等，机器人能够感知到周围的物体、声音、温度等，形成对环境的初步认识。这些感知数据为后续的认知和执行提供了基础。

2.认知模块

认知模块是智能机器人的“大脑”，负责对感知数据进行分析、理解和决策。借助机器学习算法，尤其是深度学习技术，认知模块能够从海量数据中提取特征，并建立起对物体、场景、语言等的深层理解。同时，认知模块还具备一定的推理、规划和学习能力，这使得机器人能够根据任务需求来制定行动方案，并不断优化自身的认知模型。

3.执行模块

执行模块则是智能机器人的“身体”，负责完成具体的动作和操作。通过精密的控制算法和执行器，如伺服电机、液压装置等，机器人能够灵活、精准地完成抓取、移动、装配等任务。执行模块的性能直接决定了机器人的工作效率和质量。

以工业机器人为例，其感知模块配备了高分辨率相机、力传感器等，能够精确

地感知到工件的位置、形状和受力情况。认知模块则内置了专家系统和机器学习模型,能够根据产品设计图纸来快速生成装配路径和动作序列。执行模块采用高精度的伺服控制系统,能够按照指令来精准地完成抓取、移动、装配等动作。三大模块的完美配合,使工业机器人能够高效、高质量地完成生产任务。

随着人工智能技术的飞速发展,智能机器人的感知、认知、执行能力必将得到进一步提升。未来的机器人将具备更加强大的环境理解、自主学习和灵巧操控能力,并且能够胜任更加复杂多变的工作场景。这对于推动工业智能化、提升生产效率具有重要意义。

(二)智能机器人在制造业中的应用

智能机器人在制造业中的应用正不断深化,这是工业 4.0 时代的显著特征之一。传统意义上的自动化生产线已经难以满足现代制造业的需求,智能机器人与自动化生产线的深度融合,正在重塑制造业的生产模式和竞争格局。

从生产效率的角度来看,智能机器人的引入大大提升了自动化生产线的柔性和智能化水平。传统的自动化生产线通常只能完成单一、重复的动作,缺乏灵活性和适应性。而智能机器人则能够根据生产需求,来实时调整作业参数和运动轨迹,这显著提高了生产线对多品种、小批量订单的响应速度。同时,智能机器人还能够通过视觉识别、力触觉感知等技术,来实现对零部件的精准操作和质量检测,这有效降低了人工干预的需求,保证了产品质量的稳定性。

从生产成本的角度来看,智能机器人与自动化生产线的结合,能够显著降低企业的人力成本投入。一方面,智能机器人能够 24 小时不间断工作,且效率远高于人工,这大大减少了生产线对操作工人的依赖;另一方面,智能机器人还能通过数据分析和智能决策,来优化生产排程和物料配送,降低能耗和库存,并且进一步压缩了生产成本。这对提升制造企业的长期竞争力具有重要意义。

从产业生态的角度来看,智能机器人与自动化生产线的融合发展,催生了智能制造系统集成、工业软件开发等新兴产业,形成了以智能制造为核心的产业集群。这不仅为传统制造业的转型升级提供了技术支撑,也为相关产业的发展带来了广阔的市场空间。例如,一些系统集成商开始为制造企业提供个性化的智能制造解决方案,这些方案涵盖生产线规划、机器人应用、数字孪生等多个环节;一些工业软件企业则致力于打造智能化的生产管理平台,利用大数据、人工智能等技术,实现制造全流程的优化与协同。这些创新举措正在重塑制造业的产业生态,形成新的增长点和竞争优势。

除了生产制造环节，智能机器人在仓储物流领域的应用也日益广泛。传统的仓储作业往往依赖人工完成，效率低下，错误率高。随着电商产业的迅猛发展，仓储物流正在面临着海量订单、高并发量的挑战。引入智能机器人，则能够有效地破解这一难题。通过“货到机器人”模式，智能机器人可以根据订单信息，自动规划行进路径，快速、准确地完成拣选、包装等任务，单件效率可达人工数倍。同时，仓储 AGV 小车、穿梭车等设备，也在货物转运、码垛等环节发挥着不可替代的作用。在智能仓储系统中，机器人、AGV、WMS 等软硬件高度集成，构建了一个高度自动化、信息化的现代化物流体系。

以新松、埃夫特为代表的一批机器人企业，瞄准了智能制造和智能物流的市场前景，加速在自动化生产线、智能仓储等领域布局，推动了制造业数字化、智能化转型。这为提升制造业竞争力，推动经济高质量发展注入了新的动力。未来，随着工业互联网、5G 等新兴技术的进一步发展，智能机器人与自动化生产线、智能仓储的融合将更加深入，驱动制造模式和产业形态的深刻变革，开创智能制造的新时代。

（三）智能机器人在服务行业中的创新

以医疗健康、家居服务和商业客服为代表的诸多领域，智能机器人凭借其高效、精准、不知疲倦的特点，为行业注入了新的活力。在医疗健康领域，智能机器人的应用日益广泛。手术机器人凭借其精准的操作和微创的优势，大大提高了手术质量，减轻了患者痛苦。康复机器人则通过人机交互和智能反馈，来为患者提供个性化的康复训练，还可以加速患者康复进程。此外，护理机器人也逐渐走进医院和家庭，为患者提供贴心的生活照料和情感陪伴。而在家居服务领域，扫地机器人、擦窗机器人等产品已经成为许多家庭的“标配”。这些机器人能够自主规划路径，智能识别障碍物，高效完成清洁任务，大大减轻了人们的家务负担。随着人工智能技术的进一步发展，家居服务机器人有望承担更多样化的任务，如做饭、洗衣、照看老人和儿童等，为人们营造更加舒适、便捷的居家环境。商业客服是智能机器人应用的另一个重点领域。传统的人工客服往往难以应对海量的客户咨询和投诉，而智能客服机器人则能够 24 小时不间断地工作，快速响应客户需求。通过自然语言处理和知识图谱技术，智能客服机器人能够准确地理解客户意图，为客户提供个性化的解答和建议。同时，机器人还能根据客户情绪智能调整服务策略，提供更加人性化的服务体验。随着深度学习等技术的发展，智能客服机器人有望具备更强的语义理解和决策能力，为客户提供更加专业、高效的服务。当然，智能机器人在服务行业的应用也面临着诸多挑战。其中，安全性和伦理问题备受关注。如何确保机器人在执行任务时不会伤害人类，如何避免机器人被滥用或者侵犯隐私，都需要行业和社会各界来共同探讨和规范。此外，智能机器人与人类的协作与分工也是一个值得思考的问题。机器人固然能够代替人类完成许多任务，但在情感交流、创新思维等方面，人类依然具有独特的优势。实现人机协同，发挥彼此所长，这些是实现智能服务的关键。总之，智能机器人技术为服务行业带来了前所未有的创新动力。从医疗健康到家居服务，从商业客服到其他领域，智能机器人正在重塑服务业态，为人们带来更加便捷、高效、个性化的服务体验。展望未来，随着人工智能技术的持续突破，智能机器人必将在更多服务场景中大显身手，成为服务业中不可或缺的重要力量。同时，我们也要审慎对待智能机器人技术，加强行业规范和伦理研究，促进人机和谐共处，共同开创智能服务的美好未来。

三、计算机视觉在高新技术产业中的应用

(一)计算机视觉的基础技术

1. 图像识别技术

图像识别技术利用深度学习算法，通过对大量标注数据的训练，来建立起强大的视觉模型，能够自动识别图像中的目标对象。这一技术被广泛应用于人脸识别、车牌识别、医学影像分析等领域，极大地提升了相关行业的智能化水平。

2. 物体检测

物体检测不仅能识别图像中的目标，还能精确定位目标的位置、大小和姿态。基于卷积神经网络的目标检测算法，如 Faster R－CNN、YOLO 等，能够实时、高效地检测图像和视频中的多个目标，为无人驾驶、智能监控等应用提供了坚实的基础。而语义分割和实例分割技术则实现了对图像的像素级别理解，能够精确勾勒出目标的轮廓和边界，进一步细化了检测的粒度。

3. 场景理解

场景理解是对计算机视觉的高级应用，旨在从图像中提取出更加抽象和综合

的语义信息。基于图卷积网络和注意力机制的场景理解模型，能够分析图像中对象之间的空间关系和交互作用，生成对场景的文字描述，甚至回答关于图像内容的问题。这一技术在智能驾驶、辅助诊断、智能家居等领域都具有广阔的应用前景。

(二)计算机视觉在医疗诊断中的应用

计算机视觉技术在医疗影像分析与疾病预测中的应用日益广泛，为医疗诊断的精准性和效率性带来了革命性的提升。传统的医学影像分析主要依赖医生的经验和主观判断，存在一定的局限性和不确定性。而计算机视觉技术通过对海量医学影像数据进行深度学习和特征提取，能够快速、准确地识别病变区域，量化分析病变程度，为疾病的早期筛查和精准诊断提供有力支持。

在肿瘤诊断领域，计算机视觉技术展现出巨大的应用潜力。基于深度学习的医学影像分析算法能够自动分割肿瘤区域，提取肿瘤的形态学、纹理和功能特征，建立肿瘤分级和预后预测模型。这不仅大大减轻了医生的工作负担，提高了诊断的客观性和一致性，更为制定个性化治疗方案提供了重要依据。以乳腺癌为例，计算机视觉技术可以通过分析乳腺 X 线摄影、超声、MRI 等影像数据，实现对乳腺肿瘤的自动检测和良恶性判别，辅助医生做出更加准确的诊断决策。

在神经系统疾病诊断中，计算机视觉技术也发挥着关键作用。阿尔茨海默病、帕金森病等神经退行性疾病往往伴随着脑部结构和功能的改变，而这些改变在疾病早期往往难以被肉眼观察到。运用计算机视觉技术对脑部 MRI、PET 等影像数据进行量化分析，可以敏感地捕捉到脑萎缩、脑血流灌注异常等微妙变化，实现对疾病的早期诊断和病情监测。这对于延缓病情进展、改善患者预后具有重要意义。

在眼科疾病诊断领域，计算机视觉技术正在推动着一场范式革命。传统的眼底图像分析高度依赖医生的经验和判断力，存在漏诊、误诊的风险。而基于深度学习的眼底图像分析系统能够快速、准确地识别视网膜病变，如糖尿病视网膜病变、青光眼、黄斑变性等，可以提供客观、量化的诊断依据。这不仅提高了眼科疾病筛查的效率，更为基层医疗机构的眼科诊疗能力提升提供了有力工具。

计算机视觉技术在医学影像分析中的应用还延伸到术前规划、术中导航、疗效评估等多个环节。基于影像数据的三维重建和可视化技术能够为外科手术提供精准的解剖信息，优化手术路径，降低手术风险。而术后影像分析则可以定量评估治疗效果，减少复发和转移风险，为患者的长期管理提供依据。

（三）计算机视觉在安全监控中的作用

传统的监控系统主要依靠人工值守，存在效率低下、易疲劳、漏报错报等问题。而计算机视觉技术的引入，则大大提升了安全监控的智能化水平和实时响应能力。

基于深度学习的目标检测和跟踪算法，是计算机视觉在安全监控中的核心技术之一。通过对监控视频流的实时分析，系统可以自动识别出场景中的可疑目标，如闯入禁区的人员、被遗留的可疑物品等，并及时向安保人员发出警报。相比人工巡查，这种智能化的实时监测能够大幅提高对安全隐患的发现率和处置效率。同时，先进的跟踪算法还能够持续锁定可疑目标，为后续的案件侦破提供重要线索。

行为识别是计算机视觉在安全监控中的另一项重要应用。传统的监控系统往往只能记录事后的影像资料，难以对突发事件进行实时预警和干预。而基于计算机视觉的行为识别技术，则可以通过对人体姿态、群体聚集等特征的分析，实现对打架斗殴、突发暴力事件的提前预警，为安保力量的快速反应赢得宝贵时间。在一些高风险场所，行为识别技术还能够及时发现自杀、跌倒等危及生命安全的异常行为，从而挽救生命于危难之中。

在重点区域的监控中，人脸识别技术也发挥着不可替代的作用。通过与公安、交通等部门的数据库联网，系统可以实时比对出现在监控画面中的人脸信息，快速锁定犯罪嫌疑人、网上在逃人员等重点对象。这种精准的实时布控，极大地提升了安全防范的针对性和有效性。在一些涉及国家安全、商业机密的敏感场所，人脸识别还可以对进出人员进行严格管控，防止非授权人员的入侵，维护区域安全。

此外，计算机视觉技术还可以显著提升监控系统的智能化管理水平。传统的大规模监控网络往往会涉及成千上万路的视频流，对存储和带宽资源提出了巨大挑战。先进的视频分析算法可以自动提取关键信息和异常事件，在确保重要数据不被遗漏的同时，大幅降低了数据存储和网络传输的压力，提高了系统运行的效率和可靠性。基于深度学习的视频增强技术，还可以对光照不足、画面模糊等低质量的监控数据进行优化，从而提升画面质量，并且为后续分析提供更为清晰准确的视觉信息。

四、NLP在高新技术产业中的应用

(一)NLP的基本原理与技术

自然语言处理(NLP)旨在让计算机系统能够理解、处理和生成人类语言,实现人机交互和知识挖掘等功能。语言模型、句法分析和语义理解是NLP的三大核心技术,它们构建了NLP任务的基础框架,推动了NLP在智能客服、搜索引擎、文本分析等领域的广泛应用。

语言模型是NLP的基石,它通过对大规模语料库的学习,来建立起对语言规律的数学表示。通过语言模型,计算机可以预测给定上下文情况下的下一个词或字符出现的概率,从而生成连贯、自然的文本。N-gram模型和神经网络语言模型是两种主流的语言模型,前者基于词频统计,后者利用深度学习技术来学习词语的分布式表示。GPT系列模型作为当前最先进的语言模型,展现出了惊人的语言理解和生成能力,标志着语言模型技术的重大突破。

句法分析是理解语言结构和语法关系的关键技术。它将句子拆分成词语或短语,并分析它们之间的依存关系,进而形成句法结构树。常见的句法分析算法包括基于规则的方法和基于统计的方法,前者依赖人工定义的语法规则,后者则是从标注语料中自动学习语法模式。近年来,基于深度学习的句法分析模型不断涌现,极大地提升了句法分析的精确度和效率。句法分析是文本理解和知识抽取的重要基础,在智能问答、情感分析等任务中发挥着关键作用。

语义理解是NLP的终极目标,旨在让机器像人一样能够理解语言的真正含义。词义消歧、语义角色标注、指代消解等都是语义理解的核心任务。词义消歧要求根据上下文确定一个词的具体含义,如"苹果"在不同语境下可指水果或科技公司。语义角色标注识别句子中的谓词及其论元,揭示事件的参与者及其角色。指代消解则要找出代词所指代的真实对象,理清语篇中的指代关系。知识图谱、深度语义表示等技术为语义理解任务提供了新的思路,使得计算机能在知识层面对语言进行理解和推理。

NLP的基本原理和关键技术正推动着人机交互范式的变革。传统的人机交互以"命令一响应"模式为主,用户需按照特定规则向机器下达指令。而NLP技术使得人机交互能够更加自然、灵活,用户可以使用日常语言与机器进行对话,获取所需信息和服务。智能客服、虚拟助手等系统正是NLP技术应用的典型案例,它们通过语音识别、自然语言理解、对话管理等技术，实现了高效、人性化的用户交互。同时，NLP 也为知识挖掘和文本分析开辟了新的途径。从海量文本数据中自动提取出结构化信息，挖掘隐藏的关联和规律，这种方式已成为数据驱动决策的重要手段。

(二)NLP 在客户服务中的应用

智能助手和自然语言交互系统的出现，正在重塑客户服务的模式和体验。传统的客户服务往往依赖人工座席，存在着响应速度慢、服务时间有限、服务质量参差不齐等问题。而 NLP 技术的应用，则有望破解这些难题，并且可以为客户提供更加智能化、个性化、高效便捷的服务体验。

NLP 技术赋予了智能助手以类似人类的语言理解和表达能力。用户可以通过自然语言来与智能助手进行交互，描述自己的问题或需求，智能助手则可以准确理解用户的意图，并对用户给出恰当的答复或解决方案。这种自然语言交互方式打破了人机交互的壁垒，使得服务过程更加友好、高效。用户不再需要遵循固定的流程或使用专业术语，而是可以用日常口语轻松表达，极大降低了客户服务的门槛。

智能助手还可以通过知识库存储和机器学习不断积累和优化服务策略。每一次用户交互都会成为宝贵的数据，并被用于训练优化智能助手的 NLP 模型。随着交互数据的积累，智能助手可以学习到更多问题的解决方案，了解到不同用户的个性化需求，从而为用户提供更加精准、高效的服务。与人工座席相比，智能助手可以 24 小时为海量用户同时提供服务，且服务质量稳定一致，大幅提升了客户服务的时效性和可及性。

此外，NLP 驱动的智能助手和自然语言交互系统还能进行情感计算和人格化适配。通过分析用户的语言、语调、情绪等信息，智能助手可以感知用户的情绪状态，给出用户恰如其分的情感回应，缓解用户在服务过程中的焦虑和不满。同时，智能助手还可以根据用户的个人特征和偏好，调整服务策略和语言风格，提供符合用户喜好的个性化服务，为用户带来宾至如归的服务体验。

(三)NLP 在信息检索中的创新

NLP 通过对用户查询和文档内容的语义理解，实现了更加精准、智能的信息检索和知识发现。在搜索引擎优化方面，NLP 技术突破了传统关键词匹配的局限，引入了语义相关性分析、查询意图识别等先进算法。这使得搜索引擎能够更好地理解用户的真实需求，为用户提供与查询意图高度匹配的搜索结果。即便查询中存在同义词替换、词序调整等变化，基于 NLP 的搜索引擎仍能准确把握查询的核心语义，返回相关性最高的结果。与此同时，NLP 还大大提升了搜索引擎对长尾查询的理解和满足能力。传统搜索引擎在面对复杂的长句查询时往往无从下手，而 NLP 则能够对其进行语法和语义的深层次分析，抽取关键信息并给出针对性的搜索结果。

NLP 技术在垂直领域搜索中的应用更是让人眼前一亮。通过融合特定领域的语料库和知识图谱，NLP 驱动的垂直搜索引擎能够对专业术语、行业知识进行更加精准的理解和检索。以医疗健康领域为例，传统搜索引擎对医学术语的识别和检索往往力不从心，而基于医学 NLP 的专业搜索系统则能够准确理解疾病、药品、治疗方案等专业概念之间的关联，为医患双方提供可靠、权威的医疗信息。同样，在法律、金融等领域，NLP 驱动的垂直搜索也极大地提升了信息获取的针对性和时效性。

在资料文本分析方面，NLP 技术同样大放异彩。传统的文本分析往往依赖于人工来提取关键词、主题词等，效率低下且主观性较强。而 NLP 则通过机器学习算法，自动对海量文本进行语义建模、主题聚类、情感分析等深度挖掘。这不仅极大地提高了文本分析的效率，更保证了分析结果的客观性和全面性。基于 NLP 的文本分析已经在舆情监测、竞争情报、用户评论等领域得到广泛应用，为企业和机构提供了及时、准确的决策依据。

此外，NLP 还能够为个性化搜索和智能推荐系统赋能。通过对用户历史搜索行为、浏览兴趣的语义分析，NLP 算法能够更加精准地刻画用户画像，了解其潜在需求和偏好。在此基础上，搜索引擎可以为不同用户提供差异化的搜索结果排序和推荐内容，真正实现“千人千面”的个性化服务。这不仅提升了用户的搜索体验，也为内容平台和电商网站带来了更高的转化率和用户黏性。

第三章　数字化对高新技术产业研发投入的影响

第一节　数字化对高新技术产业研发工具与成本的影响

一、高新技术产业研发工具的种类

（一）计算与模拟工具

从功能上看，计算与模拟工具主要包括数值计算软件、仿真分析系统、优化设计平台等。数值计算软件如 MATLAB、Mathematica 等，能够进行复杂的数学运算和算法实现，是科研人员进行理论推导和数据处理的得力助手。仿真分析系统如 ANSYS、COMSOL 等，可以对物理过程、化学反应等进行精确建模和模拟，帮助研发人员深入地理解产品性能和优化设计方案。优化设计平台如 ISIGHT、ModeFRONTIER 等，则融合了多学科优化算法，能够在海量设计参数中智能搜索出最优解，大幅缩短产品开发周期。

从应用领域来看，计算与模拟工具已广泛渗透到高新技术产业研发的各个环节。在航空航天领域，计算流体动力学（CFD）软件被用于飞行器气动布局设计和性能分析；在生物医药领域，分子动力学模拟被用于药物分子筛选和作用机理研究；在新能源领域，电化学模拟被用于电池材料优化和系统集成设计。计算与模拟工具的应用，不仅加速了关键技术的突破，也推动了跨学科融合和协同创新。

伴随着计算机硬件性能的飞速发展和人工智能技术的日益成熟，计算与模拟工具正变得越来越智能化。机器学习算法被用于建立高精度的数据驱动模型来自动优化模拟计算过程；人工智能规划则被用于指导实验方案设计来加速试错迭代过程。“AI＋仿真”的融合发展，有望进一步释放计算与模拟工具的潜力，为高新技术产业研发插上腾飞的翅膀。

（二）实验分析设备

用于实体试验和数据分析的仪器及装置，为科研人员提供了强有力的技术保障。它们不仅能够帮助研究人员获取精确可靠的实验数据，验证研究人员的科学假设，还能够协助研究人员完成各种复杂的测试和分析任务，极大地提升了研发效率和质量。

从功能上看，实验分析设备主要包括测量仪器、检测设备、分析仪器等多个类别。测量仪器如示波器、频谱分析仪等，可以精确地测量各种物理量，为研究提供定量依据。检测设备如 X 射线探伤仪、磁粉探伤仪等，能够无损地检测材料和零部件的内部缺陷，保障产品质量。而色谱仪、质谱仪等分析仪器，则可以对物质的化学成分和结构进行定性定量分析，是在新材料、新药物研发过程中不可或缺的利器。

随着数字化技术的飞速发展，实验分析设备也实现了智能化、网络化的升级换代。一方面，嵌入式芯片、传感器等技术的应用，使得设备能够自动完成采集、处理、分析等任务，减少了人工操作带来的误差和不确定性。另一方面，仪器设备通过互联网实现了远程控制和数据共享，研究人员可以跨地域协同工作，大大提高了研发的灵活性和效率。

在高新技术产业研发过程中，精密测量和精细分析是保障产品性能和可靠性的关键。拥有一流的实验分析设备不仅是硬件基础，更是核心竞争力的体现。因此，许多高新技术企业纷纷加大了对实验室建设的投入，引进了国际先进的仪器设备，建立了完善的检测分析体系。同时，他们还注重对分析方法的创新和对分析人才的培养，以期在关键技术上取得突破。

（三）工程设计工具

在高新技术产业研发过程中，工程设计工具主要包括计算机辅助设计（CAD）、计算机辅助工程（CAE）、计算机辅助制造（CAM）等多个领域。其中，CAD 软件能够帮助工程师快速绘制产品结构图、装配图等工程设计图纸，大幅缩短了设计周期；CAE 软件则利用有限元分析、多体动力学仿真等技术，对产品的结构强度、热工性能、动力学特性进行模拟分析，从而优化设计方案；CAM 软件进一步将优化后的设计模型转化为加工程序，指导数控机床完成零件制造。这些不同功能的工程设计工具相互配合，构建起了一个完整的产品研发闭环，极大地提升了研发的精准度和效率。

与传统的手工绘图和物理样机测试相比，数字化工程设计工具展现出了巨大优势。以 CAD 软件为例，工程师只需在计算机上完成产品建模和工程图绘制，既节约了大量时间，又能随时修改、优化设计方案。再如 CAE 软件，通过建立精确的数学模型，工程师能够在虚拟环境中模拟产品的实际工作状态，快速发现潜在的设计缺陷，大幅减少了物理样机的制作和测试成本。可以说，数字化工程设计工具极大拓展了研发团队的创新空间和延伸了研发团队的效率边界，成为高新技术产业核心竞争力的重要源泉。

当前，人工智能、大数据等新一代信息技术与工程设计软件加速融合，催生了一系列的智能化设计工具。这些工具通过深度学习算法分析海量设计数据，来总结设计经验和规律，进而为工程师提供智能化的设计决策支持。例如，基于深度学习的智能 CAD 软件能够识别工程图纸，自动生成三维模型，这极大简化了建模流程；而智能 CAE 软件则能够根据产品结构特征，自动选择合适的仿真算法和边界条件，提升了分析效率和准确性。毫无疑问，智能化设计工具代表了工程设计软件的发展方向，必将进一步推动高新技术产业的创新变革。

从人才培养的视角来看，推广应用工程设计软件对于培育高素质研发人才具有重要意义。通过系统学习三维 CAD、CAE 等软件的使用方法，研发人员能够掌握现代产品设计的基本流程和关键技术，提升工程实践能力。同时，在使用工程设计软件来解决实际问题的过程中，研发人员的创新意识、系统思维、团队协作等关键素质也能够得到锻炼和提升。可以预见的是，随着高校工程教育中数字化设计工具的普及应用，未来高新技术产业必将涌现出一大批具备“数字化研发”能力的创新型人才。

二、数字化对高新技术产业研发成本的控制

(一)优化资金分配

在传统的预算管理模式下，研发经费的分配往往依赖于经验判断和主观决策，存在着资源错配、低效利用等问题。而数字化预算管理工具则能够基于海量数据和智能算法，对研发项目的可行性、预期收益等进行科学评估，辅助管理者做出更加精准、合理的资金投入决策。

通过数字化预算管理工具，高新技术企业能够实现研发资金从“撒胡椒面”式的粗放投入向“精准滴灌”式的聚焦投入转变。一方面，数字化工具能够全面梳理企业的研发项目库，基于市场需求、技术趋势、资源禀赋等多维度因素，甄别出最具发展潜力和投资价值的优质项目，并重点给予其资金倾斜。另一方面，数字化工具还能动态监测项目执行过程，及时发现预算执行偏差，调整资金投放节奏和力度，确保每一分钱都能够花在刀刃上。

此外，数字化预算管理工具还有助于提升研发资金使用的规范性和透明度。传统的人工预算管理方式难以实现全流程、全要素的追踪监控，存在着预算审批随意、执行失控、考核走过场等问题。而数字化工具则能够将预算编制、审批、拨付、使用、决算等各个环节进行有机串联，形成闭环管理。任何预算调整和资金使用行为，都会在系统中留下清晰的痕迹，可以接受多方监督。这不仅能够有效遏制预算管理中的弄虚作假、截留挪用等违规行为，也能为事后的绩效评价、问责追究提供可靠依据。

数字化预算管理工具为高新技术产业研发注入了“智慧大脑”。它从海量数据中提炼出关键信息，用严谨的逻辑推演出最优决策，用精准的算法来匹配资金与项目，用透明的流程规范经费运作。数字化预算管理的普及应用，必将推动高新技术产业研发实现降本增效、提质增效，为创新驱动发展注入澎湃动力。当然，工具只是载体，思想才是灵魂。在数字化转型的浪潮中，高新技术企业更需要树立现代预算理念，将前瞻性规划、全局性统筹、绩效性管理等先进理念内化于心、外化于行，才能真正地实现研发资金效能的最大化。

（二）节约材料与人力成本

作为研发过程中的关键要素之一，材料和人力成本的节约成为企业提升创新效率、增强市场竞争力的重要途径。数字化工具在降低研发成本方面发挥着不可替代的作用，它们不仅能够减少实验耗材的使用量，还能显著提高研发人员的工作效率。

传统的研发实验往往需要消耗大量的材料和试剂，这不仅增加了企业的经济负担，也造成了资源的浪费。而数字化工具的应用则可以有效缓解这一问题。例如，计算机辅助设计（CAD）软件能够帮助研发人员在虚拟环境中进行产品设计和性能测试，这大幅减少了实物样品的制作次数。同时，数字化仿真技术可以模拟各种工况下材料的性能表现，预测材料可能出现的问题，从而避免了大量不必要的实验。这些数字化手段不仅节约了材料成本，也加快了研发进度，缩短了产品上市周期。

数字化工具还能显著提高研发人员的工作效率，进而降低人力成本。在传统的研发模式下，科研人员往往需要花费大量时间进行数据采集、整理和分析，这些烦琐的工作严重制约了创新效率的提升。而借助数字化工具，许多重复性的任务都可以实现自动化处理。例如，电子实验笔记软件可以帮助研发人员快速记录和管理实验数据，智能化的数据分析算法能够自动完成数据挖掘和可视化呈现。这不仅减轻了科研人员的工作强度,也让他们能够将更多的精力投入到创新性的研究中。

此外,数字化协同平台的建立,可以打破地域和时空的限制,实现跨部门、跨区域的研发团队协作。通过云端来共享实验数据、设计方案等,研发人员能够及时了解项目进展,优化资源配置,避免重复劳动。这种高效的协同方式不仅提升了人均产出,也大大降低了沟通成本。数字化工具还可以帮助企业建立完善的知识管理体系,将研发过程中产生的各种数据、经验等转化为可共享、可复用的知识资产,减少了人员流失带来的损失。

当然,数字化工具在节约研发成本的同时,也对企业的信息化基础设施提出了更高要求。企业需要投入必要的资金,来引进先进的软硬件设备,并需要对研发人员进行系统的培训,帮助其掌握数字化工具的使用方法。只有建立起完善的数字化研发环境,才能真正发挥出数字化工具在降本增效方面的优势。

(三)降低运维及更新费用

随着现代科技的进步和国防建设的需要,航空航天产业已经突破了单纯的军事领域,呈现出军民融合、多领域协同发展的新格局。这不仅为航空航天产业注入了新的发展动力,也为国民经济增长提供了强劲引擎。

从经济效益的角度来看,航空航天产业具有高技术、高投入、高附加值、高辐射的特点。它涉及电子信息、新材料、先进制造等众多高新技术领域,对相关产业的带动作用显著。以大型客机的研制为例,其零部件种类多达上百万个,涉及电子、机械、材料等多个学科,带动了上下游产业链的发展。同时,航空航天技术的研发成果还能够扩散到汽车、轨道交通、船舶等行业,形成强大的技术溢出效应。可以说,没有航空航天产业的进步,就难以撑起现代工业体系的“四梁八柱”。

从社会影响的层面来看,航空航天产业是彰显国家科技实力和综合国力的重要标志。一个国家的航天水平,在很大程度上反映了其工业基础、技术积累和创新能力。当前,以美国为代表的发达国家在航空航天领域保持着明显优势,而我国正处于从航天大国向航天强国迈进的关键阶段。近年来,我国成功发射了“天宫”系列空间实验室、“嫦娥”系列月球探测器、“天眼”500米口径球面射电望远镜等,展现了雄厚的航天实力,提升了国际影响力。未来,载人航天、深空探测等重大工程的实施,必将进一步激发全民航天热情,凝聚民族自豪感和自信心。

航空航天产业的发展离不开军民融合的有力推动。长期以来,由于体制机制等方面的障碍,我国军用航空航天技术与民用领域存在着严重“壁垒”,难以实现有效对接。随着国家顶层设计的完善和配套政策的出台，军民融合发展上升为国家战略，为航空航天产业注入了澎湃动力。一方面，先进的军用航天技术加速向民用领域转化，催生了卫星应用、商业航天等新兴产业。另一方面，以市场为导向的民用航天企业迅速崛起，成为航天产业发展的生力军。可以预见，随着"官民共建、寓军于民"的新型军民融合格局的构建，必将打破军民技术壁垒，优化资源配置，推动航空航天产业实现跨越式发展。

此外，航空航天产业还肩负着维护国家主权和领土完整的重任。在当前复杂多变的国际形势下，一些国家试图在太空领域谋求军事优势，威胁我国航天安全和战略利益。为了维护太空安全，捍卫国家主权，我国必须加快推进航天强国建设，突破关键核心技术，完善航天基础设施，提升太空作战能力。只有建立起完备的天基信息系统和空间打击武器，形成全时域、全要素、全频段的立体防护体系，我国才能有效应对各种航天安全挑战，为经济社会发展营造良好的太空环境。

第二节　数字化对高新技术产业研发效率与流程的影响

一、数字化对高新技术产业研发效率的提升

（一）数据驱动决策

伴随着信息技术的迅猛发展和大数据时代的到来，海量的研发数据为企业决策提供了丰富的素材。通过对研发过程中产生的各类数据进行采集、清洗、分析和挖掘，研发管理者能够更加全面、客观地洞察项目进展状况，并且可以识别潜在风险，预测未来趋势，从而做出科学、及时的决策。

1.数据驱动决策能够显著提升研发项目评估的针对性和有效性

传统的研发项目评估往往依赖于管理者的主观经验和有限信息，存在着偏差和盲点。而数据驱动决策则立足于真实、完整的数据，通过系统的量化分析，来揭示项目运行的内在规律。例如，通过对过往项目数据的挖掘，管理者可以总结出影响项目成败的关键因素，构建风险预警模型。再如，利用机器学习算法对在研项目数据进行实时分析，能够动态评估项目进展，优化资源配置。数据驱动使得项目评估更加客观、精准，为科学决策奠定了基础。

2. 数据驱动决策能够加速研发项目决策过程，提升决策效率

在瞬息万变的市场环境下，研发决策的时效性至关重要。数据驱动决策通过信息化手段实现数据的自动采集、即时分析，使管理者能够快速洞察形势变化，及时响应市场需求。同时，数据可视化技术将复杂的数据转化为直观的图表，便于管理者快速理解和把握关键信息，缩短决策周期。此外，数据驱动决策还能够优化决策流程，通过数字化协同平台，实现跨部门、跨区域的数据共享和业务协同，简化决策环节，提高决策效率。

（二）自动化与集成化工具的应用

自动化与集成化工具通过智能算法和大数据分析，极大地提高了实验设计与分析的效率和精确度。借助自动化实验平台，研发人员可以快速构建实验方案，优化实验参数，缩短实验周期。同时，集成化的数据管理系统实现了对实验数据的自动采集、存储和处理，有效避免了人工操作的误差和遗漏。

在实验设计阶段，自动化工具可以根据研发目标和已有知识，为研发人员智能推荐最优实验条件和材料配比，这大幅减少了研发人员的试错成本和时间投入。先进的机器学习算法能够从海量历史数据中挖掘规律，预测实验结果，指导研发方向。此外，高度集成的仿真模拟软件还能够在实验开展前对关键技术参数进行验证，提前发现潜在问题，有效规避研发风险。

自动化与集成化工具在实验分析环节的价值更加凸显。传统的人工分析方式难以处理海量、高维度的实验数据，而自动化分析工具则能够快速完成数据清洗、特征提取、统计建模等任务。先进的人工智能算法可以从复杂的数据中识别出关键因素，揭示隐藏的关联规律，为研发决策提供科学依据。可视化的数据分析平台则直观呈现了实验结果，便于研发团队及时优化实验方案。

集成化工具还促进了研发流程的协同与优化。通过构建统一的实验信息管理系统，研发团队可以实时共享实验数据、方案和成果，打破部门壁垒，提高协同效率。流程管理工具则实现了对实验任务的合理分配和进度跟踪，能够确保研发项目按期完成。同时，基于大数据的绩效评估体系客观评价了研发人员的工作质量，激发了团队的创新活力。

自动化与集成化工具的应用极大地提升了高新技术产业研发的效率和质量。这些工具赋能研发团队从烦琐的重复性工作中解放出来，使研发团队能够将更多精力投入到创新思考和关键决策中。同时，工具的应用也对研发人员提出了新的能力要求。研发人员需要熟练掌握相关工具的操作，具备数据分析与挖掘的能

力，深入理解算法模型的原理。只有人机协同，才能真正激发自动化与集成化工具的潜力，加速高新技术产业的创新进程。

（三）虚拟模拟技术

虚拟模拟技术作为一种先进的计算机仿真手段，正在高新技术产业研发领域发挥着日益重要的作用。它通过构建与物理世界高度相似的虚拟环境，允许研发人员在数字空间中进行设计、测试和优化，这大大缩短了物理原型的开发周期。这不仅节省了时间和成本，更为产品创新提供了广阔的想象空间。

在高新技术产业研发过程中，虚拟模拟技术的应用主要体现在以下几个方面。

首先，它能够支持产品设计的快速迭代。传统的产品开发流程往往需要经过反复的物理样机制作和测试，其周期较长且成本高昂。而借助虚拟模拟技术，设计人员可以在虚拟环境中快速构建产品模型，并且评估其性能和功能，识别潜在问题并及时改进。这种“数字孪生”方式极大地提高了设计效率，缩短了产品的上市时间。

其次，虚拟模拟技术还能够降低实验测试的风险和成本。对于某些大型复杂系统，如飞机、汽车等，直接开展物理实验往往会存在安全隐患且代价高昂。通过虚拟仿真，研发人员可以在数字空间中模拟各种极端工况，全面评估产品性能，预见可能出现的故障，从而有针对性地进行优化。这不仅保障了实验的安全性，也避免了不必要的资源浪费。

最后，虚拟模拟技术为高新技术产业研发注入了创新动力。在虚拟环境中，设计人员可以打破物理约束，尝试各种新颖的创意和方案。一些在现实中难以实现的设计，在虚拟空间中却能够轻松尝试和迭代。这种自由度极大地激发了研发人员的创新潜能，助力企业不断推陈出新，引领行业发展。

此外，虚拟模拟技术还为跨部门协同和决策提供了有力支撑。通过共享虚拟样机和仿真结果，设计、生产、测试等部门能够实现无缝衔接，及时发现并解决问题。管理者也能够直观地了解产品开发进展，优化资源配置，做出科学决策。这种数字化协同模式极大地提升了研发人员的研发效率和管理水平。

二、数字化对高新技术产业研发流程的管理优化

（一）流程数字化映射

随着信息技术的不断发展，大数据、人工智能等新兴技术为企业研发流程的

数字化转型提供了强大动力。通过对研发流程进行系统梳理和数字化映射,企业能够全面、动态地掌握研发过程的关键节点和风险点,实现对研发全流程的可视化监控和精细化管理。

具体而言,流程数字化映射首先需要对企业现有的研发流程进行系统盘点和优化再造。这一过程需要研发、信息技术、管理等多部门通力合作,深入分析每个研发环节的输入、输出、责任主体、时间节点等关键要素,理清各环节之间的逻辑关系和业务依赖。在此基础上,要利用流程建模工具对优化后的研发流程进行数字化描述和可视化呈现,使其形成标准化的流程模板。这些模板不仅能够为研发人员提供规范化的操作指引,也可以为后续的流程监控和优化提供数据基础。

流程数字化映射的核心是构建一套完备的研发管理信息系统。该系统以数字化的研发流程为基础,通过集成产品数据管理(PDM)、项目管理(PM)、企业资源计划(ERP)等各类业务系统,实现研发业务数据的采集、传输、存储和应用。借助大数据分析、数据挖掘等技术手段,管理者能够实时获取研发进度、资源使用、成本预算等各项核心指标,并据此进行科学决策和动态调控。数字化的流程映射使得研发过程中的每一个步骤、每一项活动都能够得到量化分析和追溯管理,这极大地提升了研发管理的精细化水平。

流程数字化映射为加强研发过程管控提供了有力抓手。通过预先设定研发里程碑和关键节点,系统可自动监测实际进展与计划目标的偏差,并及时作出预警和纠偏。数字化的流程映射还可与绩效考核体系相结合,客观评价研发人员的工作绩效,调动其积极性和创造性。与此同时,流程各环节的执行数据也为研发风险的识别和防控提供了新思路。管理者可从研发计划、人员投入、经费使用等多个维度入手,通过数据关联分析及早发现风险隐患,从而最大限度地规避研发失败的概率。

(二)项目管理软件的引入和应用

在研发过程中,项目管理软件可以帮助管理者更加精准地把握项目进度,优化资源配置,促进跨部门协同,提升整体研发效率。

首先,项目管理软件能够为研发项目提供清晰的可视化进度。通过甘特图、里程碑等工具,管理者可以直观地了解到每个研发任务的计划和实际进展,及时发现并解决进度偏差,确保项目按期完成。同时,软件还能自动生成进度报告,减轻了管理者的工作负担。

其次,项目管理软件有助于优化研发资源配置。基于项目的任务分解和工作量估算,管理者可以合理地安排人员、设备、材料等资源,避免资源冲突和闲置,最大限度地提高资源利用效率。一些软件还具备资源均衡功能,可以智能调配资源,实现动态优化。

最后,项目管理软件为研发团队的跨部门协同提供了有效支撑。通过统一的信息平台,研发、测试、生产等部门可以实时共享项目数据和文档,还可以促进信息流动和知识共享。团队成员还可以借助协作工具开展在线讨论、任务分配和进度跟踪,打破部门壁垒,提升协同效率。

此外,项目管理软件还集成了风险管理、质量管理等功能,为研发项目的全流程管控提供了支持。管理者可以借助软件来识别和评估风险,并制定应对策略;通过质量门禁和审核功能,可以严格把控研发过程质量,确保产出物能够符合标准和要求。

当然,项目管理软件的引入也对研发组织提出了新的要求。一方面,组织需要根据自身特点选择合适的软件产品,并进行必要的流程再造和制度建设,以适应软件的运作模式。另一方面,研发人员需要接受相关培训,提升自身的项目管理意识和协同能力,真正将软件的价值转化为研发效率的提升。

高新技术产业的市场瞬息万变,产品和技术更新速度快,对研发效率提出了极高要求。项目管理软件通过优化项目进度管理、资源配置、跨部门协同等方面,为研发项目的高效运作提供了有力保障。在数字化时代,这一工具已经成为高新技术企业提升研发管理水平、赢得市场竞争优势的利器。展望未来,随着人工智能、大数据等新兴技术的发展,项目管理软件必将进一步升级换代,为高新技术产业的创新发展注入新的动力。

(三)敏捷与精益方法的应用

敏捷与精益方法在高新技术产业研发流程中的应用,能够显著增强流程的灵活性和持续改进能力。传统的研发流程往往遵循线性、刚性的瀑布式模型,难以适应市场和技术的快速变化。而敏捷开发强调迭代、增量式的交付,通过短周期的冲刺来实现产品功能的快速迭代和验证,及时响应客户需求的变化。同时,敏捷方法倡导自组织的跨职能团队,打破部门壁垒,促进研发、测试、运维等各环节的紧密协作,提高研发效率和质量。

精益思想同样为研发流程的优化提供了有益启示。精益研发聚焦于价值流的梳理和优化,通过消除浪费、平衡资源配置,最大化地进行价值输出。例如,运用价值流图等工具,将研发流程中的瓶颈和问题可视化,进而采取针对性的改进措施。此外,精益研发还强调快速试错和验证,鼓励团队通过最小可行产品

(MVP)快速获取用户反馈,以验证关键假设,降低产品开发的不确定性。

事实上,敏捷与精益并非割裂的方法论,而是可以相互补充、相互促进的。二者都强调以客户价值为导向,注重流程的灵活性和适应性,推崇持续改进的文化。在实践中,许多高新技术企业正在探索敏捷与精益的融合应用。例如,通过看板等可视化工具,实现任务进度的透明管理;运用敏捷框架,落实迭代开发和及时反馈;同时,借鉴精益的价值流思维,系统优化端到端的研发流程。这种融合应用,有助于研发团队在快速变化的市场环境中,能够始终保持高效、灵活的交付能力。

三、数字化对高新技术产业研发流程协同的促进

(一)协作工具平台

在数字化时代,协作工具平台打破了传统的时空限制,为研发团队成员提供了一个高效、便捷的沟通与协作环境。借助协作工具平台,研发人员能够实时分享思路、交流进展、讨论问题,这极大地提升了团队的协同效率和创新能力。

协作工具平台的核心价值在于促进知识的流动和碰撞。在研发过程中,每个团队成员都掌握着在特定领域中的专业知识和技能。通过协作平台,这些分散的知识得以汇聚,形成了一个庞大的集体智慧库。当面临复杂的技术难题时,研发人员可以利用平台来快速搜索和调取相关知识,或者向其他成员寻求帮助和建议。这种知识的充分流动和交互,不仅提高了解决问题的效率,更能激发出新的灵感和创意。

协作工具平台还为研发团队提供了多样化的互动方式。视频会议、在线文档协作、即时通信等功能,让身处不同地点的成员都能够方便地开展同步或异步的沟通。无论是头脑风暴、方案评审,还是进度跟踪、任务分工,都可以通过平台来高效完成。这种灵活多样的互动方式,打破了部门壁垒,促进了跨领域、跨部门的协同创新。

此外,协作工具平台还有助于优化研发流程管理。通过任务分解、进度跟踪、里程碑设置等功能,平台可以清晰地呈现研发项目的整体进展和每个成员的工作状态。这种可视化的管理方式,让项目负责人能够及时发现并解决问题,确保研发进度与预期目标相符。同时,平台还能自动记录和存档每个阶段的工作成果,形成完整的知识积累和经验总结,为后续项目提供宝贵的参考。

协作工具平台的引入，还带来了研发文化的积极变革。在传统的研发模式下，团队成员往往会各自为政，缺乏充分的交流和协作。而协作平台营造了一种开放、透明、互信的氛围，鼓励每个人主动分享、积极参与。这种文化氛围不仅增强了团队的凝聚力和向心力，更激发了研发人员的主人翁意识和创新热情。

(二)跨界整合与资源联动

数字技术的广泛应用，为研发组织打破部门壁垒、促进跨领域协同提供了有力支撑。通过建立数字化协作平台，研发团队可以实现信息共享、知识融合和资源优化配置，从而能够显著提升跨部门和跨组织的合作效率。

数字化协作平台是实现跨界整合与资源联动的关键载体。它集成了项目管理、文档共享、即时通信等多种功能，为分散在不同部门和组织的研发人员提供了一个虚拟的协作空间。在这个空间中，研发人员可以随时随地地访问所需信息和资源，及时了解项目进展，并与其他成员进行高效沟通。这种实时、透明的协作方式，大大缩短了跨部门协调和决策的时间，提高了研发效率。同时，数字化协作平台还能够智能匹配不同领域的专家资源，促进多学科知识的交叉融合，激发研发人员的创新灵感。

数字化环境下的资源联动，还体现在数据的开放共享和集成利用。高新技术产业的研发创新，往往需要多源异构数据的支撑。通过数字技术手段，研发组织可以打通内外部数据壁垒，实现数据的互联互通和融合分析。一方面，企业内部不同部门和业务系统的数据得以汇聚，形成全面、立体的信息视图，为研发决策提供依据。另一方面，研发组织还可以与外部合作伙伴共同建立数据共享机制，通过数据资产的相互开放和交换，拓宽创新的视野和增加可能性。数字化的资源联动，让分散的数据、技术和人才得以有机整合，形成合力，推动研发创新不断突破边界。

当然，实现高效的跨界整合与资源联动，还需要组织文化和管理机制的支持。研发组织应营造开放包容、鼓励协作的创新氛围，打破部门间的信息壁垒和利益藩篱，推动形成“大研发”的理念和格局。同时，还需要建立健全知识产权保护、利益分配等方面的规则，调动各方的积极性，化解合作过程中可能会出现的矛盾和风险。只有在制度层面对其予以保障，数字化环境下的跨界整合与资源联动才能真正落到实处，并且发挥出最大效用。

数字化的跨界整合与资源联动，正在重塑高新技术产业的研发创新生态。它突破了传统的部门边界和组织边界，实现了研发资源的最优配置；它改变了单打独斗的创新模式，催生了开放协作的新范式。如今，越来越多的研究组织正在拥抱这一趋势，积极推动内外部协同创新，力求实现"1+1>2"的效果。可以预见的是，在这一趋势的推动下，高新技术产业将迎来前所未有的创新动能和发展活力。让我们拭目以待，这个充满机遇的创新时代。

四、数字化对高新技术产业研发流程的风险控制

（一）风险数据分析工具

随着数字化技术的快速发展，海量的研发数据正在被实时采集和存储，这为风险的识别和评估提供了前所未有的机遇。先进的数据分析算法和模型能够从复杂的数据中提取有价值的信息，及时发现潜在的风险因素，并对其可能的影响进行量化分析。

数据驱动的风险分析方法相比传统的定性分析方法具有明显优势。首先，数据分析工具能够处理海量异构数据，包括结构化数据如实验记录、测试报告，以及非结构化数据如文献资料、专家经验等。通过对这些数据的深度挖掘和关联分析，可以全面考察影响研发风险的多维因素。其次，数据模型能够实现对风险的实时监测和预警。传统的风险评估往往是事后的、静态的，难以适应研发过程的动态变化。而数据分析工具则可以持续跟踪研发数据的变化情况，一旦发现异常或超出阈值，就会自动预警，使得风险管理能够更加主动和前瞻。最后，数据分析为风险决策提供了量化依据。通过建立风险评估指标体系，运用数理统计、机器学习等方法，可以计算出各类风险的发生概率和影响程度，并进行情景模拟，从而优化资源配置，制定针对性的风险应对策略。

在研发项目的不同阶段，数据分析工具发挥着不同的作用。在立项阶段，通过对市场需求、技术趋势、竞争对手等数据的分析，可以评估项目的可行性和风险收益比，优选出最有价值的研发方向。在实施阶段，数据分析工具能够实时监测研发过程的关键指标，如进度、质量、成本等，一旦发现这些指标偏离预期，就能及时采取纠偏措施，确保项目能够按计划推进。在验收阶段，全面评估研发成果的技术指标和市场表现，并与预期目标进行比对，识别出存在的问题和风险，为后续改进提供依据。

运用风险数据分析工具需要多学科团队的通力配合。首先，需要数据科学家搭建数据分析平台，选择合适的算法模型，优化系统性能。其次，需要领域专

家参与风险指标的设计和阈值的确定，并且提供专业见解和经验知识。最后，需要项目管理人员将风险分析结果与研发决策相结合，制定风险管控措施，并推动落实。只有专业分工与密切协作相结合，才能真正发挥数据分析工具的威力。

推动风险数据分析工具的应用还需要一定的组织文化基础。数据分析要求组织能够以开放的心态拥抱变革，摒弃"经验主义"和"拍脑袋"式的决策方式。领导者要树立数据思维，重视数据质量，为数据分析营造一个有利的环境。同时，还要注重数据安全和加强隐私保护，严格规范数据采集、传输、存储、使用等各个环节，切实防范数据泄露和滥用风险。

(二)知识产权管理系统

随着数字化浪潮的席卷，高新技术产业的创新活动日益频繁，研发成果的种类和数量不断增加。如何有效管理这些宝贵的无形资产，防范知识产权流失的风险，已经成为摆在企业面前的重大课题。建立完善的知识产权管理系统，能够帮助企业实现对研发全流程的精细化管控，最大限度地保护自主创新成果。

知识产权管理系统通过数字化手段，实现了对专利、商标、著作权等知识产权要素的系统性管理。企业可以利用该系统，对研发项目产生的技术文档、设计图纸、实验数据等关键资料来进行分类存储和权限设置，严格控制知识产权信息的访问和使用权限。同时，系统还能够自动监测研发人员的信息行为，及时发现和阻断不当的文件传输、资料外泄等风险操作。这种全方位的知识产权保护，为企业的核心机密提供了坚实的安全屏障。

知识产权管理系统还为企业的知识产权运营提供了有力支撑。通过该系统，企业能够全面梳理现有的专利布局，挖掘专利的应用潜力，制定专利许可、转让等商业化策略。系统还具备竞争对手分析、专利侵权预警等功能，可以帮助企业及时获取行业动态，规避知识产权风险。利用大数据、人工智能等先进技术，知识产权管理系统还能够智能分析专利信息，为企业的技术创新指明方向。可以说，知识产权管理系统已经成为企业实现知识产权价值最大化的得力助手。

知识产权管理系统的价值还体现在促进企业合规经营方面。在数字化时代，知识产权领域的法律法规日益完善，监管力度不断加大。企业要想在激烈的市场竞争中立于不败之地，就必须时刻警惕知识产权侵权风险。知识产权管理系统内置合规审查功能，能够自动对标国内外知识产权法律法规，排查企业在专利申请、商标注册、软件开发等方面存在的合规隐患。同时，系统还可以智能生成知识产权风险报告，为企业的合规决策提供参考。在“合规创新”已经成为行业共识的背景下，知识产权管理系统必将成为企业不可或缺的合规利器。

第三节　数字化对高新技术产业研发资源配置的影响

一、数字化对高新技术产业研发资源分配效率的提升

（一）资源分配的智能化决策支持系统

数字化技术的快速发展正在深刻改变着高新技术产业的研发模式。在这一背景下，资源分配的智能化决策支持系统应运而生，通过先进的算法优化资源分配方案，为企业研发效率的提升提供了新的突破口。

智能化决策支持系统的核心在于利用大数据和人工智能技术，来对研发过程中的各类资源进行优化配置。传统的资源分配方式往往依赖于管理者的经验和直觉，难以全面考虑各种影响因素，容易导致资源浪费和效率低下。而智能化系统则能够通过机器学习算法，在海量数据中发现隐藏的模式和规律，并据此提出最优的资源分配方案。

以某新材料研发项目为例，智能化系统首先会收集并分析与项目相关的各类数据，如技术路线、人员配置、设备使用、经费预算等。在此基础上，系统会运用优化算法，如遗传算法、蚁群算法等，来生成多个可行的资源分配方案。这些方案综合考虑了项目的技术难度、进度要求、成本控制等因素，力求在有限的资源条件下实现最优的研发效果。

决策者可以通过可视化界面来直观地比较不同方案的优劣，并根据实际情况来进行动态调整。例如，当项目进度出现延迟时，系统可以及时地重新优化资源分配，调动更多人员和设备投入到关键环节中，确保项目能够如期完成。同时，系统还能根据历史数据和机器学习模型，预测项目未来的资源需求，为企业的长期规划提供决策依据。

智能化决策支持系统的应用不仅提高了研发资源的利用效率，也极大地减轻了管理者的工作负担。通过将烦琐的数据分析和方案制定工作交给系统处理，管理者可以将更多精力投入到研发工作的策略制定和过程监管中，从而实现人机协

同、优势互补。

事实上，国内外领先的高新技术企业已经率先布局了智能化决策支持系统。华为公司开发的“天工”智能决策系统，通过优化资源配置，使研发项目的交付周期缩短了30%以上。而在美国，IBM公司的Watson智能系统也被广泛应用于药物研发领域，并且大幅提升了新药筛选的效率和成功率。

(二)实时数据分析与资源需求预测

通过对海量研发数据的实时采集和智能分析，企业能够及时洞察资源需求变化趋势，预判资源供需矛盾，从而实现资源的精准调配和动态优化，最大限度地减少资源闲置和缩小缺口。

数字化技术的应用为实时数据分析和需求预测提供了坚实基础。物联网、大数据等新兴技术的广泛应用，使得企业能够实现对研发资源的全方位感知和数据采集。通过在研发设备、实验室等关键环节部署智能传感器，研发过程中的各项参数指标都能够被实时记录和传输，形成连续、动态的数据流。这些数据涵盖了研发资源配置的方方面面，并且为后续的分析和预测奠定了数据基础。

在数据采集的基础上，人工智能算法的引入进一步提升了数据分析和需求预测的效率和精度。机器学习算法能够通过快速处理海量研发数据来发现其中隐藏的规律和趋势，对资源需求变化进行实时预判。例如，通过对历史数据的训练，算法可以学习到不同研发项目对资源的典型需求模式。当新项目启动时，算法可以根据其特征快速匹配出相似案例，预判其对各类资源的需求量和需求时间，为资源调配提供决策依据。再如，算法还可以通过对设备运行数据的分析，提前发现设备故障的征兆，进而预测维修或替换的需求，避免因非计划停机而导致的资源浪费。

实时数据分析和需求预测使得研发资源的调配更加精准和高效。一方面，通过需求预判，企业可以提前采购或储备所需资源，避免因供应不足而影响研发进度。另一方面，资源需求的实时反馈也有助于及时发现和处置闲置资源，提升资源利用率。例如，某集成电路设计企业通过对EDA工具使用数据的分析，发现不同项目组在峰值需求期对工具的需求存在时间错峰。于是，他们建立了EDA工具的共享调度机制，在保证优先级的同时实现了不同项目组间的资源共享，最高时将工具利用率从60%提升至90%以上。

数字化时代下的实时数据分析与需求预测正在深刻重塑高新技术产业的资源配置方式。这一趋势对研发管理提出了新的要求，需要企业全面提升数字化能力,加快对数据采集、传输、存储、分析等基础设施的建设,提升数据治理水平,建立数据驱动的资源管理模式。同时,还需要加强人才队伍建设,引进和培养既懂管理又懂技术的复合型人才。只有从组织、流程、技术、人才等多个维度协同发力,才能真正将实时数据分析和需求预测的价值释放出来,推动研发资源优化配置再上一个新台阶。

二、数字化对高新技术产业研发资源的整合

(一)跨部门资源协同

传统的部门壁垒和信息孤岛阻碍了资源的有效整合,导致了资源配置的效率低下。而数字化技术的应用,为打破部门界限、实现资源共享提供了有力支撑。通过构建数字化协作平台,不同部门可以实时共享信息、协调工作,形成合力,进而提升资源整合效率。

数字化协作平台的建设需要从流程、数据、技术等多个维度入手。首先,要梳理和优化跨部门协同的业务流程,明确各部门的职责边界和协作机制,形成规范化、标准化的工作模式。其次,要建立统一的数据标准和数据共享机制,打通数据壁垒,实现数据的互联互通和共享共用。最后,要引入先进的数字化技术,如云计算、大数据、人工智能等,为协同提供技术支撑。数字化技术可以自动收集、处理、分析海量数据,实现数据驱动的决策,提高决策的科学性和精准性。

跨部门资源协同的数字化转型是一个系统工程,需要顶层设计和统筹推进。组织需要制定明确的数字化战略,将资源整合作为重要目标,并为其配套相应的制度、流程和考核机制。同时,还需要加强数字化人才队伍建设,提升员工的数字化素养和协同能力。通过一系列体系化、系统化的举措,才能真正实现跨部门资源的高效整合。

成功的跨部门资源整合可以产生显著的协同效应。比如,通过整合研发、生产、营销等部门的资源,企业可以加快新产品的开发速度,缩短产品上市周期,提升市场响应能力。再如,通过整合采购、仓储、物流等部门的资源,企业可以优化供应链管理,降低库存成本,提高运营效率。这些成功案例都彰显了在数字化环境下跨部门资源整合的巨大价值。

(二)平台化资源整合工具应用

在数字化时代,研发资源的多元化和分散化特征日益凸显,传统的资源管理

模式难以适应新形势下的需求。而平台化资源整合工具凭借其开放性、协同性和智能化的优势，为破解这一难题提供了有效的解决方案。

从开放性的角度来看，平台化资源整合工具打破了部门、组织乃至地域的界限，为各类研发资源的汇聚与共享提供了广阔的空间。通过构建一个开放的资源整合平台，不同主体可以将其掌握的技术、人才、设备等资源纳入统一的管理框架之下，实现资源的有效对接和优化配置。这种开放式的运作模式不仅提升了资源利用效率，更促进了创新要素的充分流动和跨界融合，为产业研发注入了源源不断的动力。

从协同性的角度来看，平台化资源整合工具为研发活动的协同开展提供了强大的支撑。在平台的支持下，不同领域、不同部门的研发人员可以实时交流、无缝衔接，进而形成紧密的协作网络。通过平台上的项目管理、任务分解、进度跟踪等功能，研发团队能够高效地协同合作，可以及时发现并解决问题，从而大幅提升研发效率和成果质量。同时，平台还可以促进产学研用各方的深度合作，打通从基础研究到产业化应用的全链条，加速科技成果的转化和价值实现。

从智能化的角度来看，平台化资源整合工具通过引入大数据、人工智能等前沿技术，为研发资源管理赋能增效。海量的研发数据可以在平台上得到充分挖掘和分析，助力科研人员洞察技术发展趋势，把握创新机遇。人工智能算法则可以在资源匹配、方案优化等方面发挥它的独特优势，为研发决策提供智能化支持。此外，区块链、云计算等技术在平台中的应用，还能够有效保障数据安全，提升系统性能，为资源整合工作的顺利开展保驾护航。

三、数字化对高新技术产业研发资源的共享

（一）开放式创新平台的构建与管理

随着全球化和数字化的不断深入，高新技术产业面临着日益激烈的竞争和复杂多变的市场环境。单个企业很难独立应对这些挑战，必须要与外部主体开展广泛而深入的合作，整合各方优势资源，实现协同创新。在这一背景下，开放式创新平台应运而生，成为推动高新技术产业知识与技术资源共享的关键载体。

开放式创新平台是指由企业、高校、科研机构等多个主体共同搭建的创新协作网络。与传统的封闭式研发模式不同，开放式创新平台突破了组织边界，吸纳了外部多元化的创新资源，形成了一个开放、动态、灵活的创新生态系统。在这个

系统中，各参与主体围绕着共同的创新目标，充分发挥各自的专长和优势，开展全方位、多层次的交流与合作，共同推进关键技术的研发和成果转化。通过知识溢出和技术扩散，参与主体能够分享彼此的创新成果，进而实现优势互补和互利共赢。

开放式创新平台的构建需要顶层设计和战略谋划。平台的发起者，通常是掌握关键技术和市场资源的龙头企业，要充分考虑平台的定位、功能、运行机制等关键要素。首先，平台应围绕着高新技术产业发展的重点领域和关键环节，如前沿技术研发、工程化应用、产业化推广等，来明确自身的功能定位。其次，平台要搭建起促进多主体协同的机制体系，包括利益分配机制、知识产权保护机制、风险共担机制等，调动各方参与的积极性。再次，平台要充分利用信息技术手段，如云计算、大数据、人工智能等，来提高资源整合和共享的效率。最后，平台应注重生态的培育和完善，吸引更多的创新主体加入，不断增强平台的可持续发展能力。

开放式创新平台的管理是一项复杂的系统工程。平台一旦建立，就要形成常态化、制度化的管理机制，推动创新活动有序开展。首先，要建立健全平台的组织架构和管理体系，包括决策机构、执行机构、监督机构等，使它们明确各自的职责和权限。其次，要制定完善的规章制度，规范平台运行的各个环节，如项目管理、资源调配、绩效评估等。最后，要加强平台的动态管理和优化升级。平台要紧跟技术和市场的最新动向，及时调整发展战略，引入新的创新资源和合作伙伴。同时，平台还要建立健全的评估机制，对创新绩效进行跟踪和审核，优胜劣汰，保证平台的活力和效率。

开放式创新平台为高新技术产业知识与技术资源的共享提供了广阔的空间。一方面，平台汇聚了各领域的优质创新资源，形成了多学科、跨行业的交叉融合，促进了知识的碰撞和技术的迭代。另一方面，平台搭建了连接产学研用的桥梁，打通了创新链、产业链、价值链，加速了科技成果向现实生产力的转化。许多高新技术企业通过开放式创新平台，获得了关键核心技术，实现了自主创新和弯道超车。一些龙头企业还利用平台优势资源，加快了新兴产业的培育和发展，抢占了未来竞争的制高点。

（二）共享经济在研发资源中的应用与挑战

共享经济通过整合分散的闲置资源，实现资源的高效利用和优化配置，为企业节约研发成本、提升创新效率提供了新的途径。在数字化时代背景下，共享经济与大数据、云计算、人工智能等新兴技术深度融合，进一步释放了其在研发资源配置中的价值。

从资源共享的视角来看，共享经济能够打破企业、高校、科研机构等创新主体之间的壁垒，促进各类研发资源的自由流动和优化组合。通过共享大型仪器设备、实验室空间、数据信息、人力资本等，各创新主体能够减少资源闲置，提高资源利用效率。同时，共享模式下的资源配置更加灵活多变，企业可以根据研发项目的实际需求，动态调整资源投入，避免资源浪费。这种弹性化的资源配置方式，有利于企业应对市场变化，提升自身创新响应速度。

从成本节约的角度来看，共享经济为高新技术企业降低研发成本开辟了新的路径。研发活动往往需要大量的资金投入，尤其是对前沿技术领域的探索，需要购置昂贵的仪器设备、建设高标准的实验室。通过共享闲置资源，企业可以大幅降低固定资产投资，将有限的资金集中于核心研发环节。中小企业和初创企业受益尤为明显，共享机制为他们获取高质量研发资源提供了可能，有助于其在创新市场中突围。

从开放创新的维度来看，共享经济是推动高新技术产业开放式创新的重要力量。在共享理念的倡导下，越来越多的企业开始主动开放内部资源，通过与外部主体进行合作来整合内外部创新要素。这种开放式的资源配置模式，有利于企业吸收外部知识，拓宽创新视野，加速新技术的产生与应用。共享平台的建立，为跨组织、跨区域的创新协作提供了便利，推动了创新资源在更大范围内的优化配置。

四、数字化对高新技术产业研发资源调度的优化

(一)动态资源调度系统

传统的资源配置模式往往会存在滞后性和僵化性，难以快速响应研发过程中的不确定性因素。而动态资源调度系统则可以通过实时监测项目进展和市场动态，利用大数据分析和人工智能算法，对研发资源进行动态优化配置，从而显著提升资源利用效率和研发绩效。

一方面，动态资源调度系统能够根据项目阶段性目标和里程碑的变化，动态调整人力、财力、物力等关键资源的投入比例和方向。当研发项目遇到技术瓶颈或进度延迟时，系统可以智能地识别问题所在，并及时调配更多的专业人才和设备资源，来加速问题解决和进度恢复。同时，对于进展顺利的项目模块，系统则会适当减少资源投入，将富余资源调配至其他更需要的项目，实现资源的动态平衡

和优化配置。

另一方面，动态资源调度系统还能敏锐把握市场需求和技术趋势的变化，引导研发资源向最具发展潜力和商业价值的方向聚焦。基于海量的市场数据和用户反馈，系统可以准确预测在未来一段时期内的产品需求走向，识别出可能会爆发的技术增长点。在此基础上，系统会对研发项目的优先级进行动态调整，将更多资源投向市场前景广阔、技术难度适中的领域，而对于需求萎缩、技术过于超前的项目则会适度收缩资源，以平衡风险与收益。

此外，动态资源调度系统还为高新技术企业的研发管理决策提供了重要依据。系统生成的实时数据分析报告和可视化呈现，能够为管理者清晰地展示不同研发项目的进展、资源占用和潜在风险等关键信息，帮助管理者科学制定和动态修正资源配置策略，并对疑难问题作出及时的决断。同时，系统积累的历史数据也为企业优化研发流程、制定长期发展规划提供了宝贵经验。

（二）敏捷资源调度策略

随着创新周期的不断缩短和市场需求的快速变化，传统的资源调度方式已经难以适应高新技术产业研发的动态性和不确定性。因此，探索并实施敏捷资源调度策略，促进快速响应和降低响应时间，已经成为提升研发效率、赢得市场先机的关键所在。

敏捷资源调度策略的核心在于建立一套灵活、高效的资源动态配置机制。与传统的资源调度相比，敏捷资源调度更加注重实时性和弹性。通过构建敏捷资源池，打破部门界限，实现资源的共享与流动，可以快速响应项目变化和市场需求。同时，借助大数据分析和人工智能技术，敏捷资源调度还能够实现对资源需求的精准预测和动态优化，最大限度地减少资源闲置和缺口，提高资源利用率。

实施敏捷资源调度策略需要从组织架构、流程机制、技术支撑等多个方面入手。在组织架构上，要打破传统的职能部门划分，建立以项目为导向的敏捷团队，赋予其更大的自主权和决策权。在流程机制上，要建立快速迭代、持续交付的工作模式，通过短、平、快的开发周期和频繁的反馈，不断优化资源配置方案。在技术支撑上，要充分利用云计算、大数据、人工智能等数字化技术，来为敏捷资源调度提供实时监控、智能分析、自动调配等服务。

敏捷资源调度策略的实施效果已经在诸多高新技术企业得到了验证。以华为为例，通过实施敏捷资源调度，华为实现了研发资源利用率的显著提升，新产品上市时间缩短了30%，研发成本降低了20%。类似地，小米、OPPO等企业也通过敏捷资源调度,显著提高了研发效率和创新速度,在激烈的市场竞争中抢得先机。

五、数字化对高新技术产业研发资源的智能管理

(一)基于人工智能的资源管理策略

在高新技术产业研发领域,基于人工智能的资源管理策略正在深刻改变着传统的资源配置模式,为提高研发效率、降低研发成本提供了新的思路和方法。

机器学习通过对海量历史数据的分析和学习,能够从中发现隐藏的模式和规律,进而对未来的资源需求进行预测和优化。在研发项目管理中,机器学习算法可以根据过往项目的人力、物力、财力投入情况,结合项目复杂度、进度等因素,精准地预估各个阶段所需的资源量,从而实现资源的提前规划和合理配置。这不仅可以避免由于资源短缺而导致的项目延误,也能够减少资源闲置带来的浪费,显著提升资源的利用效率。

此外,机器学习还能够通过动态调整资源分配策略,实现研发资源的实时优化。传统的资源管理往往依赖于人工经验和固定规则,难以应对研发过程中的不确定性和变化。而基于机器学习的资源管理系统则可以持续监测项目进展,捕捉需求波动,并根据实时数据和预设目标来自主调整资源投入。这种灵活、智能的调度方式能够最大限度地匹配资源供给与需求,确保研发活动的连续性和高效性。

在人力资源管理方面,机器学习同样大有可为。通过分析研发人员的教育背景、工作经历、专业特长等信息,机器学习算法可以帮助企业实现人岗匹配,将合适的人才分配到最需要的岗位上。同时,机器学习还可以以员工的绩效表现、学习能力等因素为依据,为其提供个性化的职业发展路径和培训计划,促进人力资源的优化配置和长期开发。

(二)物联网和智能传感器在资源管理中的作用

传统的研发资源管理方式往往会依赖于人工统计和分析,存在着信息收集滞后、数据准确性不高、调配效率低下等问题。而物联网和智能传感器则通过实时采集、传输和处理海量数据,为研发资源管理提供了更加精准、高效的技术支撑。

在研发资源管理中,物联网技术可以实现对各类资源全方位、动态的感知。

通过在设备、物料、环境等关键节点部署智能传感器，研发管理者能够实时掌握资源的位置、状态、使用情况等关键信息。这些数据经过物联网平台汇总分析后，可以形成直观、准确的资源全景图，为科学决策提供依据。例如，某高新技术企业利用 RFID 技术对实验器材进行智能化管理，大幅提升了器材的周转效率和利用率，节约了大量的资金成本。

智能传感器是物联网感知层的核心组件，其性能的优劣会直接影响到数据采集的质量。随着 MEMS、新材料等技术的进步，智能传感器正朝着微型化、集成化、多功能化的方向发展。一方面，体积更小、功耗更低的智能传感器可以方便地嵌入各类研发资源中，实现更广泛的数据采集覆盖。另一方面，多种传感器的集成与融合，则使得对单一资源的全面感知成为可能。例如，集成了温度、湿度、压力、气体等传感器的智能标签，能够全面监测在药品研发过程中的环境参数，确保药品的质量安全。这类创新性的应用大大拓宽了研发管理的视野和深度。

物联网和智能传感器产生的海量数据对研发资源调度优化提出了新的要求。云计算、大数据等信息技术的发展为处理这些异构数据提供了有力工具。通过对资源全生命周期数据的挖掘分析，研发管理者能够洞察资源使用的规律和趋势，预测资源需求的动态变化，进而实现精准调配、动态优化。一些高新技术企业已经开始探索构建资源需求响应模型，根据项目进度和市场变化来自动调整资源配比，最大限度地减少资源冗余和闲置。可以预见的是，随着数据处理技术的日渐成熟，研发资源管理的精细化、智能化水平将不断攀升。

第四章　数字化对高新技术产业资金投入的影响

第一节　数字化对高新技术产业融资的影响

一、数字化对高新技术产业融资平台的影响

(一)提升融资平台信息透明度

数字化技术能够实现对海量数据的高效采集、存储和分析,为高新技术企业全方位地展示自身价值奠定了基础。借助大数据、人工智能等先进技术,融资平台可以对企业的研发能力、市场前景、财务状况等关键指标进行精准画像,为投资者提供全面、客观的决策参考。同时,区块链技术的应用,能够确保信息的真实性和不可篡改性,进一步提升数据披露的可信度。透明、真实的信息环境不仅能够帮助投资者更加准确地识别优质项目,也能够为企业信用的建立提供坚实保障。

值得一提的是,数字化不仅仅意味着信息量的增加,更意味着信息加工和呈现方式的革新。得益于数字技术的发展,高新技术产业融资平台能够以更加直观、互动的方式呈现企业信息,提升信息传递的效率和效果。例如,通过可视化图表、虚拟现实等手段,平台可以生动地展示企业的核心技术、产品优势和发展愿景,使投资者能够更加直观地了解企业真实面貌。互联网平台的普及,也为投资者与企业之间的沟通交流提供了便捷渠道,双方可以及时地就信息披露中的问题进行互动和澄清,消除信息不对称的现象,促进融资决策的科学化。

信息透明度的提升,不仅有利于优化高新技术产业融资平台的运行效率,更能够推动行业生态的健康发展。透明、规范的信息披露机制,能够促使企业加强内部治理,提高经营管理水平,从而实现可持续发展。同时,良好的信息环境也有利于促进行业自律,防范违规行为,维护市场秩序。随着资本市场的日益成熟,信息透明已经成为评判融资平台乃至整个行业发展水平的重要标尺。

(二)增强投融资匹配效率

在大数据和算法的助力下,投融资匹配的效率和精确性得到了显著提升。通过对海量数据的收集和分析,投资者能够更全面、更深入地了解到高新技术企业的发展现状、市场前景和风险因素,从而可以作出更加科学、合理的投资决策。同时,大数据技术还能帮助企业找到最合适的潜在投资者,提高融资效率,降低融资成本。

智能算法在投融资匹配中发挥着日益重要的作用。机器学习算法能够从海量数据中自动提取有价值的信息,建立起企业与投资者之间的匹配模型。通过分析企业的业务特点、发展阶段、资金需求等因素,算法可以智能推荐最匹配的投资者,实现资金供需双方的高效对接。此外,自然语言处理技术还能帮助企业分析投资者的偏好和投资风格,为企业量身定制融资方案,提高融资成功率。

大数据和算法不仅优化了投融资匹配的过程,也为资金配置的科学化、精细化提供了有力支撑。传统的资金配置往往依赖于投资者的主观判断和经验,存在着一定的盲目性和随意性。而在数字化时代,大数据分析可以为资金配置提供更加客观、全面的决策依据。通过对企业财务数据、市场数据、行业数据等进行深入挖掘,投资者能够准确地把握高新技术产业的发展趋势,识别出真正具有投资价值的优质项目,并且实现资金的优化配置。同时,大数据技术还能实时监测企业的经营状况和资金的使用情况,动态调整资金配置策略,最大限度地提高资金的使用效率,控制投资风险。

可以预见的是,随着数字化技术的进一步发展,大数据和算法将在高新技术产业投融资领域扮演越来越重要的角色。一方面,海量数据的积累和智能算法的迭代升级,将持续提升投融资匹配的精准度和效率,为资金配置注入新的活力。另一方面,数字化技术也将推动投融资模式的创新,催生出众筹、数字货币等新型融资方式,为高新技术企业拓宽融资渠道,降低融资门槛。与此同时,大数据和算法在投融资领域的广泛应用,也对监管提出了新的要求。如何在发挥技术优势的同时,防范数据滥用、算法失控等风险,建立规范有序的数字化投融资生态,将成为监管部门和市场参与主体共同面临的课题。

大数据和算法正在重塑高新技术产业的投融资格局,为资金配置注入新的效率和活力。顺应数字化浪潮,积极拥抱大数据和智能算法,将是高新技术企业和投资者把握发展机遇、实现跨越式增长的必由之路。同时,构建与之相适应的制度体系和监管框架,营造良性健康的数字化投融资生态,也将是推动高新技术产业高质量发展的重要保障。

二、数字化对高新技术产业融资风险的管理

(一)实现风险早期预警

在众多数字化应用场景中,运用数字化工具进行风险预警无疑是最具价值和前景的方向之一。数字化风险预警能够帮助企业及时识别潜在的风险因素,从而使企业采取有效措施规避或化解风险,保障企业的健康可持续发展。

数字化风险预警的本质在于通过数据分析和挖掘,发现隐藏在海量业务数据中的风险信号和规律。传统的风险管理主要依赖于人工经验和直觉,难以全面、精准地把握风险动向。而数字化技术则可以弥补这一不足,利用机器学习、知识图谱等先进算法,来快速处理和分析海量异构数据,揭示其中蕴含的关联规则和异常模式,为风险研判提供可靠依据。

以供应链风险管理为例,企业可以通过数字化手段监测供应商的生产经营状况、原材料价格波动、物流配送效率等关键指标,一旦发现异常波动或超出阈值,系统就会自动预警,提示管理者采取应对措施。再如在项目管理领域,数字化工具可以实时跟踪项目进度、资源消耗、团队绩效等关键要素,通过与预期值的比对分析,来及时发现偏离轨道的风险信号,为项目经理决策提供参考。

数字化风险预警不仅可以提高风险管理的效率和精准度,更能充分挖掘数据价值,催生管理变革。传统的事后风险应对模式已经难以适应当今瞬息万变的市场环境,企业必须要积极采用数字化手段,来实现风险管理由被动到主动、由事后到事前的战略转型。这就要求管理者树立数字化思维,将数据视为核心生产要素,用数据来驱动业务创新和风险管控。

因此,企业在引入数字化风险预警的同时,还要注重数据治理,提升数据的准确性、及时性和关联性;要与传统的定性分析方法互补,形成技术与经验相结合的复合型风险管理能力;要加强人才培养,提升管理者数字化素养和风险应对能力。唯有如此,数字化风险预警才能真正成为企业驾驭不确定性、实现高质量发展的利器。

(二)加强融资风险监控和控制

传统的风险管理流程和决策制度已难以适应日益复杂多变的融资环境,亟须

运用数字技术来对其进行优化和升级。通过大数据分析、人工智能等数字化工具,可以实现对融资风险的实时监测、智能预警和快速响应,有效提升风险管理的精准性和效率。

具体而言,大数据技术可以帮助企业全面收集和整合内外部数据,挖掘潜在的风险因素和异常信号。通过对海量数据的关联分析,可以及时发现在融资过程中存在的问题,并有针对性地为其制定风险应对策略。同时,机器学习算法可以不断优化风险评估模型,提高风险识别的准确率。人工智能技术还能够模拟各种风险场景,为决策者提供科学、全面的决策支持。

此外,区块链技术的应用也为加强融资风险管控提供了新的思路。区块链具有去中心化、不可篡改等特点,能够确保融资信息的真实性和可追溯性。通过在融资过程中引入区块链机制,可以提高信息披露的透明度,防范内幕交易等违规行为。区块链技术还可以简化融资流程,降低交易成本,提高资金使用效率。

数字化技术在优化风险管理流程方面也大有可为。传统的风险管理流程往往环节烦琐、效率低下,难以实现对风险的实时监控和快速处置。运用工作流引擎等数字化工具,可以梳理和优化风险管理流程,实现风险管控的自动化、智能化。通过预设风险应对方案和决策规则,系统可以根据实际情况来自动触发相应的风险处置措施,大大提高风险管理的时效性。

数字化还为完善风险管理决策制度提供了新的视角。传统的决策制度往往依赖于管理者的主观判断,缺乏数据支撑和科学论证。运用数字化决策支持系统,可以为管理者提供全面、客观的决策依据。系统可以综合考虑各种风险因素,模拟不同决策方案的效果,并给出最优的决策建议。这种数据驱动的决策机制有助于提高风险管理决策的科学性和有效性。

值得一提的是,数字化风险管理并非一蹴而就的,而是一个不断迭代优化的过程。企业需要根据自身特点和需求,来选择适合的数字化工具和方法。同时,还要重视数据质量的提升和数据安全的保障,建立完善的数据治理体系。只有数据的完整性、准确性、安全性能够得到有效管控,数字化风险管理才能真正发挥效用。

(三)风险管理自动化和智能化

在高新技术产业飞速发展的时代浪潮中,数字化技术犹如一股新兴力量,深刻影响着产业创新的各个环节。而在风险管理领域,人工智能的引入正在重塑传统模式,开启全新的篇章。通过采纳人工智能辅助风险评估和处理,高新技术产业正不断提升风险管理的自动化和智能化水平。

人工智能在风险识别和预警方面展现出了卓越的优势。传统的风险评估往往依赖于人工经验和主观判断，存在着效率低下、偏差较大等问题。而人工智能算法则能够快速处理海量数据，从复杂信息中准确提取出风险信号。通过对企业财务状况、市场环境、技术趋势等多维度数据的综合分析，人工智能模型能够及早发现潜在的风险，实现精准的预警。这种超越人类认知极限的能力，为高新技术产业的风险管控提供了强大助力。

在风险评估和决策支持方面，人工智能同样大放异彩。面对纷繁复杂的风险因素，传统的定性分析往往难以给出客观、全面的判断。而基于机器学习的风险评估模型，则能够通过对历史数据的训练，掌握风险演化的内在规律。这些模型不仅能够对风险的严重程度进行量化评估，还能模拟出各种情景，预测风险的发展趋势。借助人工智能的决策支持，风险管理人员能够更加科学、高效地制定应对策略，将风险损失降至最低。

人工智能在风险监测和实时响应领域同样展现出了巨大潜力。传统的风险监测往往会滞后于问题的发生，难以实现实时干预。而人工智能则能够通过对实时数据流的分析，第一时间捕捉到风险事件的苗头。一旦发现异常信号，智能系统就可以自动触发预设的应急预案，快速启动风险处置流程。这种实时响应能力能够最大限度地控制风险蔓延，将损失窗口期缩短到最低限度。

三、数字化对高新技术产业融资渠道的拓展

(一)数字货币与加密资产融资机遇

数字化浪潮席卷而来，区块链技术作为其中的佼佼者，正在为高新技术产业融资模式带来翻天覆地的变革。区块链以其去中心化、不可篡改、高度透明的特点，为企业融资提供了安全、高效、低成本的新路径。通过区块链平台，企业可以直接面向广大投资者募集资金，打破传统金融机构的垄断，实现融资的民主化。同时，区块链技术的应用也大大提高了融资过程的透明度，增强了投资者的信心，有效降低了融资成本。

数字货币作为区块链技术的典型应用，正在成为高新技术企业融资的新宠。相较于传统货币，数字货币具有流通速度快、跨境支付便捷等优势，特别适合资金周转迅速、市场变化莫测的高新技术产业。越来越多的科技企业开始发行自己的

数字货币,通过ICO(首次代币发行)的方式来募集资金。

加密资产是区块链技术催生的另一种创新型融资工具。简而言之,加密资产是使用密码学原理创建,以数字形式存在的一种资产。与股票、债券等传统金融资产不同,加密资产更加灵活多变,能够代表各种权益,如使用权、所有权、投票权等。企业可以通过发行加密资产来进行融资,支持者只要购买加密资产即可享有相应的权益。比如知名区块链项目MakerDAO,就通过发行DAI等加密资产来为用户提供金融服务,撬动了数亿美元的流动性。加密资产融资具有门槛低、效率高、灵活性强等特点,深受创业型企业青睐。

区块链图谱是近年来兴起的另一种基于区块链的融资创新。所谓区块链图谱,就是利用区块链技术来将企业的股权结构、投资关系、资产状况等信息呈现在同一张"图谱"之上。投资者可以通过区块链图谱直观地了解到企业的资产状况,评估企业的投资价值。一旦投资达成,交易信息也会实时记录在区块链上,任何人都可以查询,整个过程公开透明。区块链图谱提高了信息的可信度和融资效率,有利于优质项目脱颖而出,并且获得资本支持。

当然,基于区块链的创新融资方式仍处于探索阶段,存在诸多风险与挑战。数字货币、加密资产等融资工具依然缺乏明确的法律地位,面临监管的不确定性。个别项目存在夸大宣传、操纵市场的情况,损害了投资者利益。这就要求企业和投资者要理性看待区块链融资,不可盲目跟风,要增强风险意识,加强尽职调查。只有在合法合规的前提下稳步推进,区块链融资的长远发展才有保障。

(二)众筹平台的兴起

高新技术产业作为引领经济社会变革的先锋力量,更是深受数字化转型的洗礼。在融资领域,众筹平台的兴起无疑是数字化赋能的典型代表。它打破了传统融资模式的桎梏,为高新技术企业尤其是初创型企业开辟了全新的资金来源,注入了澎湃的创新活力。

众筹平台利用互联网技术,将分散的社会资金聚集起来,形成了规模效应,为高新技术项目提供了雄厚的资金支持。与传统融资方式相比,众筹具有门槛低、效率高、灵活性强等优势。创业者只需要在平台上发布项目信息,阐述创业构想和发展愿景,即可受到众多小额投资者的青睐。这种"草根"式的融资方式,极大地降低了融资成本,简化了融资流程,让更多优秀的创意和技术得以迅速转化为现实生产力。

数字化不仅拓宽了众筹平台的覆盖面,更是极大地丰富了其功能内涵。在大数据、人工智能等技术的加持下，众筹平台可以精准匹配项目和投资者，提高资金配置效率。通过数据挖掘和用户画像分析，平台能够向投资者推送其感兴趣的项目，提升投资者的投资体验和决策质量。同时，区块链技术的应用，也为众筹平台带来了去中心化、透明化的新优势，有效防范欺诈风险，保障投资者权益。

众筹平台的兴起，不仅为高新技术产业注入了新的资金动力，更成为连接创新者和大众的桥梁纽带。一方面，它让普通民众有机会参与前沿技术项目之中，分享创新成果，提升科技认同感和参与感。另一方面，众筹平台汇聚了海量用户数据和市场反馈，为高新技术企业提供了重要的决策参考，帮助其及时调整产品方向和商业模式。众筹已然成为高新技术产业创新生态系统中不可或缺的重要组成部分。

当然，众筹平台的健康发展离不开完善的制度建设和监管体系。相关部门应加强引导和监督，规范平台运营，防范金融风险，维护市场秩序。同时，高新技术企业也要增强风险意识，加强信息披露，坚持诚信经营，切实保障投资者利益。只有在多方的共同努力下，众筹平台才能行稳致远，为高新技术产业插上腾飞的翅膀。

（三）P2P 和网络借贷的发展动态

借助数字化技术，P2P 和网络借贷平台为个人和中小企业提供了更加便捷、高效的融资渠道，大幅降低了融资门槛和成本，为高新技术产业的发展注入了新的活力。

从供给侧来看，P2P 和网络借贷平台聚集了大量分散的社会资金，通过信息中介和信用增信等方式，将闲置资金与资金需求方精准匹配，盘活了存量资金，提高了资金配置效率。特别是对于那些难以从传统金融机构中获得支持的初创型、创新型企业而言，P2P 和网络借贷为其开辟了新的融资渠道，缓解了这些企业“融资难、融资贵”的问题。

从需求侧来看，高新技术企业普遍具有轻资产、高风险、高收益的特点，其融资需求往往呈现出小额、频繁、短期的特征。传统金融机构受制于风控体系和成本考量，往往难以满足这些个性化、碎片化的融资需求。而 P2P 和网络借贷平台依托大数据风控和智能匹配技术，能够为高新技术企业量身定制融资方案，并且提供灵活多样的融资产品，最大限度地满足其差异化的融资需求。

然而，P2P 和网络借贷的快速发展也伴随着诸多风险和挑战。首先，相关法律法规和监管政策尚不完善，行业缺乏统一的准入门槛和运营标准，市场秩序较为混乱。部分平台存在夸大宣传、虚假标的、自融自保等问题，损害了投资者利益，扰乱了信贷秩序。其次，平台自身风险管理和内控体系不健全，信息披露不透明，风险定价不合理，抗风险能力较弱。一旦出现逾期、坏账等情况，就容易引发连锁反应，酿成系统性风险。再次，投资者的风险意识不足，盲目追逐高收益，缺乏必要的风险识别和自我保护能力，这加剧了市场的非理性波动。

面对这一机遇与挑战并存的局面，亟须政府、平台、投资者等多方协同发力，共同营造一个良好的发展环境。监管部门应加快顶层设计，完善法律法规，建立统一的监管规则和标准，规范市场秩序，防范系统性风险。平台应强化自律，完善内控体系，加强信息披露，增强风险定价能力，切实保护投资者权益。投资者应树立正确的投资理念，增强风险意识，理性看待高收益，加强自我保护，共同维护市场稳定。

四、数字化对高新技术产业融资效率的提升

(一)缩短融资周期

传统的融资模式往往会存在信息不对称、流程烦琐等问题，导致融资效率低下，难以满足高新技术企业快速发展的需求。而数字化操作则通过优化融资流程、提升信息透明度等方式，大大缩短了融资周期，为高新技术产业的蓬勃发展提供了强劲动力。

从融资申请到资金到账，传统模式常常会需要数月甚至更长时间。这期间，创业者需要准备大量纸质材料，奔波于各金融机构之间，经历反复的尽职调查和谈判博弈。漫长的等待不仅加重了企业的资金压力，也可能会使企业错失市场机遇。而数字化操作则利用在线平台实现融资全流程的自动化处理，创业者只需通过网络提交申请材料，系统即可快速完成信息采集、风险评估、合同签署等环节，最快在几天内即可完成融资。这种高效便捷的融资体验，让高新技术企业能够聚焦核心业务，加快产品研发和市场推广的速度。

数字化缩短融资周期的一个关键是提高信息透明度，破除金融机构与融资企业之间的信息壁垒。通过数字化手段采集和共享企业经营数据，并运用大数据分析技术圈定目标企业，金融机构能够更全面、准确地评估企业价值和融资风险。而借助区块链技术，企业可建立可信的电子身份，实现数据的可追溯和防篡改，从而提升自身的融资可信度。信息不对称问题的缓解，不仅能够提高融资审批的效

率，也有助于优化资源配置，将更多资金引导到前景好、风险低的优质企业。

数字化对融资效率的提升还体现在融资渠道的丰富和撮合机制的优化上。数字化使得创业企业和投资者能够跨越时空限制，在线上进行无缝对接。一方面，众多创新的互联网金融平台如众筹、P2P平台拓宽了融资渠道；另一方面，大数据驱动的智能撮合机制能够精准推送匹配度高的投融资双方，提高融资效率。数字化融资渠道的触达范围之广、响应速度之快，大大降低了中小企业的融资门槛，满足了高新技术产业的融资需求。这种供需精准匹配和高频互动，可以将融资周期进一步压缩。

同时，数字化操作简化了融资流程中的各种手续，提高了时间效率。线上可信签名、电子合同等技术的广泛应用，让繁复的纸质合同签署、公证等环节实现了线上化、自动化，融资各方足不出户即可完成必要手续。数字化身份认证、在线尽调等也大幅缩短了项目评估时间。数字化为融资流程“瘦身”，让资金的快速流转成为可能。而基于区块链的结算清算体系，更实现了融资交易的实时处理，让企业能够快速获得融资款项，抢占市场先机。

（二）降低融资成本

传统的融资方式往往会受制于烦琐的手续和高昂的中介费用，制约了企业的融资效率和创新动力。而数字化技术的应用，为高新技术产业开辟了降本增效的新路径。

通过数字化平台，企业能够快速精准地接触到潜在投资者，无须经过层层中介，大大简化了融资流程。线上路演、视频会议等数字化工具，使得项目信息传递更加高效透明，投资者也能及时全面地了解企业状况，从而作出理性决策。这种点对点的直接对接模式，有效压缩了时间成本和人力成本，为企业节省了大量的融资费用。

大数据和人工智能技术在融资领域的深入应用，也为企业融资成本的降低提供了新的可能。海量数据的积累和智能化分析，使得金融机构能够更加准确地评估企业的信用风险和发展前景，减少因信息不对称而导致的融资摩擦。同时，数字化技术还能优化金融产品设计，为企业提供更加灵活多样、个性化的融资解决方案。定制化的融资服务不仅能满足企业差异化的资金需求，也能最大限度地降低融资成本。

区块链等前沿技术在供应链金融、股权众筹等领域的创新应用，为高新技术产业企业带来了全新的低成本融资渠道。基于区块链的分布式账本和智能合约，能够实现在供应链上下游企业之间的高效协作和资金流转，盘活企业沉淀资金，缓解融资压力。而股权众筹平台搭建了创业企业与广大投资者之间的桥梁，使得优质项目能够快速对接社会资本，以更低的成本获得发展所需资金。

数字化还为政府扶持高新技术产业发展创造了更多可能。政府可以利用数字化手段来构建高新技术产业信息共享平台，为企业和投资者提供权威、全面的产业信息服务。同时，政府还可以运用大数据来分析优化产业政策制定，量身打造针对性强、精准高效的融资支持政策。例如，面向特定技术领域的政府引导基金、贷款贴息和融资担保等，都能在降低融资成本的同时撬动更多社会资本投入，形成产业发展的良性循环。

（三）强化融资决策数据支撑

海量的数据资源和先进的分析工具为企业提供了前所未有的洞察力，使其能够更加精准地把握市场动态、评估投资风险、优化资源配置。数字化不仅提升了融资决策的效率，更增强了决策的科学性和可靠性。

高新技术企业往往会面临复杂多变的市场环境和激烈的竞争压力，融资决策的质量直接关系到企业的生存和发展。传统的融资决策主要依赖于有限的历史数据和主观经验判断，存在信息不对称、风险难以预测等问题。而数字化技术则通过全面收集和整合内外部数据，运用大数据分析和机器学习算法，从海量信息中提炼出有价值的洞见，为决策提供强有力的数据支撑。

一方面，大数据技术可以帮助企业全面了解到市场需求、竞争格局、技术趋势等外部环境因素。通过分析行业数据、用户行为数据、社交媒体数据等，企业能够准确把握市场脉搏，洞察消费者偏好，预测技术发展方向，从而作出前瞻性的融资决策。例如，通过分析专利数据和科研文献，企业可以识别出最具潜力的技术领域，提前布局、抢占先机。

另一方面，大数据和人工智能技术还能优化企业内部的融资管理流程。机器学习算法可以对企业的财务数据、运营数据等进行实时分析，准确评估企业的资金需求、现金流状况、投资回报率等关键指标，识别潜在的财务风险，为融资决策提供科学依据。同时，智能化的数据分析工具还可以帮助企业优化资金配置，提高资金使用效率，实现精细化管理。

此外，区块链等新兴技术的应用也为高新技术企业的融资决策带来了新的机遇。区块链技术具有去中心化、不可篡改等特性，有助于提高融资过程的透明度和可信度，降低信息不对称的风险。智能合约等工具还可以简化融资流程，提高交易效率，为企业拓宽融资渠道。

数字化融资决策支持系统的出现则标志着融资决策进入了智能化时代。该系统集成了大数据、人工智能、区块链等前沿技术，能够全面收集和分析企业内外部数据，实时监测市场动态和企业运营状况，智能预测未来趋势，并提供个性化的融资方案建议。企业决策者可以借助该系统，在海量数据中快速发现关键信息，全面权衡各种因素，并且做出最优的融资决策。

随着数字化的不断深入，数据驱动的融资决策模式必将成为高新技术企业的核心竞争力之一。唯有紧跟数字化浪潮，积极拥抱大数据和人工智能技术，不断强化数据分析和决策支持能力，企业才能在激烈的市场竞争中占据优势地位，实现可持续发展。这既需要企业加大在数字化基础设施、人才队伍等方面的投入，也需要企业领导者树立数据思维，能够将数字化融入组织文化和决策流程之中。

第二节　数字化对高新技术产业投资的影响

一、数字化对高新技术产业投资领域的拓展

（一）新兴技术领域的吸引力增强

在大数据、人工智能等新兴技术的推动下，投资者获取和分析市场信息的能力得到极大提升，对前沿科技发展趋势的洞察力也日益增强。这使得新兴技术领域的投资吸引力不断攀升，成为资本市场的热点所在。

数字化工具为投资者提供了全方位、多维度的市场数据，涵盖了消费者行为、技术发展、行业竞争等多个层面。通过对海量数据的挖掘和分析，投资者能够及时发现新兴技术的应用前景和商业价值，从而作出更加精准、高效的投资决策。例如，大数据分析可以帮助投资者实时监测消费者对新技术的接受度和使用习惯，预测市场需求的走向；人工智能算法则可以快速处理专利信息、研发数据等，评估技术的创新性和可行性。这些数字化手段极大地减少了投资者对新兴领域的信息不对称的风险，提高了投资效率和成功率。

同时，数字化也为高新技术产业的发展注入了新的活力。云计算、物联网、区块链等新兴技术的兴起，催生了一大批充满想象力的创新项目和创业企业。这些项目往往代表了行业发展的前沿方向，蕴藏着巨大的成长空间和投资机会。在数

字化时代，投资者更容易接触和了解这些新兴领域的最新进展，发掘其中潜在的“独角兽”企业。通过对创新项目的早期布局和培育，投资者不仅能够获取丰厚回报，也为新兴产业的发展提供了重要的资金支持和战略指导。

数字化还促进了高新技术产业内部的融合创新，为跨界投资带来了新的机遇。在数字技术的赋能下，传统产业与新兴技术加速融合，催生了一系列具有颠覆性的创新业态和商业模式。例如，人工智能与医疗健康的结合产生了智慧医疗，大数据与金融服务的融合孕育了金融科技，虚拟现实与文化娱乐的交叉延伸出了数字创意产业。这些跨界融合领域往往代表了未来经济增长的新蓝海，吸引着众多投资者的目光。数字化使得不同行业间的界限日益模糊，资本可以更加自由地在各个领域间流动，发掘出更多具有协同效应的投资机会。

数字化时代，对高新技术产业的投资已经不再局限于单一领域，而是呈现出多元化、跨界化的趋势。投资者需要开阔视野，紧跟时代步伐，深入洞察数字技术革命对各行各业的影响。只有敏锐把握新兴技术的发展脉搏，精准挖掘各领域的创新亮点，才能在瞬息万变的投资市场中把握先机，进而实现资本增值。新兴技术领域正在成为资本市场的新风口，数字化也为高新技术产业的投资带来了无限可能。投资者应当积极拥抱数字化的浪潮，用创新的思维和前瞻的眼光来开拓高新技术产业投资的新蓝海。

(二)传统产业的数字化转型机遇

随着数字化技术的迅猛发展，传统产业正面临着前所未有的转型升级压力。企业要想在激烈的市场竞争中能够立于不败之地，就必须积极拥抱数字化，通过技术创新和模式变革来实现转型突破。这为投资者带来了众多的机遇，他们可以通过投资数字化升级的传统产业，来分享企业转型发展的红利。

传统产业数字化转型的核心在于利用数字技术重塑生产流程、优化管理模式、创新商业模式。在生产环节，企业可以引入自动化、智能化设备，提高生产效率和产品质量；在管理环节，企业可以运用大数据、云计算等技术，实现精细化管理和科学决策；在商业模式上，企业可以利用互联网平台拓展销售渠道，开发个性化产品和服务。这一系列变革不仅能够提升企业的核心竞争力，也为投资者创造了价值投资的良机。

以制造业为例，工业互联网、智能制造等新兴技术正在重塑传统制造模式。企业通过数字化、网络化、智能化升级，可以实现柔性化生产、精益化管理、服务化延伸，从而能够突破发展瓶颈，焕发新的生机。投资者可以重点关注那些具备技术优势、转型意识和创新能力的制造企业，通过股权投资、产业基金等方式参与其转型进程，获取长期投资回报。

再以零售业为例，电子商务、移动支付、大数据分析等数字技术正在重构传统零售业态。企业通过线上线下融合、场景化体验、个性化服务等创新模式，可以提升用户黏性，挖掘消费潜力，实现价值倍增。投资者可以重点布局那些拥有强大用户基础、数字化能力和创新基因的零售企业，分享其转型发展的成长红利。

（三）跨界融合的投资机会

随着物联网、人工智能、大数据等新兴技术的广泛应用，不同领域之间的界限正变得越发模糊，跨界融合已成为高新技术产业发展的大势所趋。这种趋势不仅为投资者带来了新的机遇，也对其决策能力提出了更高的要求。

跨界融合的投资机会源于数字化带来的技术融通。在数字化的推动下，各领域的关键技术正在加速渗透、交叉，并催生了一系列具有颠覆性的创新成果。以人工智能为例，它不仅深刻地改变了信息技术产业的面貌，更与制造、医疗、金融等传统行业深度融合，形成了智能制造、智慧医疗、智能投资等新兴业态。这些跨界创新不仅为投资者开辟了全新的投资领域，也为传统产业注入了新的活力。投资者若能敏锐洞察技术融合趋势，前瞻性地布局跨界项目，就能抢占发展先机，获得丰厚回报。

数字化还促使不同产业链条加速整合，这带来了全新的投资机遇。在数字经济时代，企业竞争的焦点已从单一产品或服务转向生态化的解决方案。越来越多的高新技术企业通过跨界并购、战略合作等方式，积极布局上下游产业，力图打造完整的产业生态。这种产业生态既包括硬件设施、软件系统等核心要素，也涵盖金融、物流、服务等配套环节。产业链条的整合不仅能促进各环节的协同增效，也为投资者提供了多元化的投资选择。投资者可以根据产业生态的特点，在不同环节精准投资，分散风险，提升收益。

数字化时代的跨界融合还对投资者的专业能力提出了更高要求。随着技术的加速迭代，行业边界不断模糊，投资者需要具备更加全面的知识结构和前瞻性思维，才能准确把握投资机会。一方面，投资者要深入理解各领域的关键技术，洞察其发展趋势和应用前景，特别是要关注不同技术之间的融合与协同。另一方面，投资者还需跨越“技术门槛”，充分理解技术创新对商业模式、产业格局、社会发展的深远影响，全面权衡投资标的的潜在价值。只有建立起跨领域、多维度的思维模式，投资者才能在纷繁复杂的跨界投资中作出正确的决策。

二、数字化对高新技术产业投资风险评估的影响

(一)投资风险实时监控与预警的加强

数字化工具的广泛应用,为投资者及时发现并应对潜在风险提供了强大支撑。借助大数据分析、人工智能等前沿技术,投资者能够全方位、多角度地洞察投资项目的风险状况,从而做出更加明智的决策。

数字化风险监控系统可以通过整合海量的内外部数据,包括市场动态、行业趋势、企业财务报表等,来构建起全面、实时的风险画像。系统能够智能化地识别各类风险信号,如财务指标异常、市场需求变化、技术路线偏离等,并及时向投资者发出预警。这种实时、动态的风险感知能力,使得投资者能够在第一时间采取应对措施,最大限度地降低投资损失。

数字化工具还能够帮助投资者量化评估风险的严重程度和发生概率。通过建立风险评估模型,系统能够综合考虑到各种风险因子,从而计算出投资项目的综合风险指数。这种量化的风险衡量方法,使得风险的比较和优先级排序成为可能,投资者可以据此调整资源配置,将更多精力投入到风险较高的领域。量化风险评估的结果还可以作为投资决策的重要依据,帮助投资者权衡收益和风险,使其做出更加理性的选择。

此外,数字化工具还大大提升了风险监控的效率和准确性。传统的风险管理方式往往依赖于人工分析和主观判断,存在着滞后性和片面性的问题。而数字化系统则可以 24 小时不间断地运行,实现对风险的持续跟踪和监测。海量数据的处理和分析能力,也使得风险识别的准确率大大提高。这种高效、准确的风险监控能力,为投资者及时调整策略、规避风险赢得了宝贵的时间和空间。

(二)投资风险评估的准确性提升

传统的投资风险评估方法主要依赖于分析师的主观判断和经验积累,难以全面把握风险因素的复杂性和不确定性。而数字化工具则能够实现海量数据的快速处理和智能分析,极大地提高了风险评估的精确度和科学性。

数字化风险评估模型能够综合考虑各类风险因素,包括市场风险、信用风险、操作风险等,通过建立多维度的指标体系来量化分析风险的可能性和潜在影响。

这些模型不仅能够处理结构化数据，如财务报表、交易记录等，还能够挖掘非结构化数据中蕴含的风险信息，如新闻报道、社交媒体舆情等。数字化技术使得风险评估更加全面和动态，能够及时捕捉到市场变化和风险信号。

大数据分析技术的应用进一步拓展了风险评估的广度和深度。通过整合企业内外部的海量数据，风险评估模型能够发现隐藏在数据中的关联和规律，预测风险事件发生的概率和它可能带来的损失。机器学习算法可以不断优化风险评估模型，根据实际情况的变化来自主调整参数和权重，使得风险判断更加智能化和精准化。

数字化技术还为实时风险监测和预警提供了有力支撑。传统的风险管理往往会滞后于风险事件的发生，难以做到未雨绸缪。而数字化系统能够实时跟踪各类风险指标的变化情况，一旦发现异常波动，即可自动触发预警，为风险的及时应对和化解争取宝贵时间。这种实时性和敏捷性使得风险防范更加主动和前瞻，降低了风险事件给企业带来的损失。

可视化技术的运用则让风险评估结果更加直观和易于理解。传统的风险评估报告往往以枯燥的数据和文字为主，难以快速传递关键信息。而数字化风险评估平台可以将复杂的数据转化为生动形象的图表和仪表盘，清晰地呈现风险水平和变化趋势。决策者能够更加直观地了解到企业面临的风险状况，为风险防控决策提供有力支撑。

三、数字化对高新技术产业投资组合的优化

(一)实现投资组合的多元化和动态优化

传统的投资组合构建主要依赖于投资经理的主观判断和经验，存在一定的局限性和风险。而数字化工具的应用，则为实现投资组合的多元化和动态优化提供了可能。

数字化工具在投资组合优化中的作用主要体现在三个方面。

首先，大数据技术可以帮助投资者全面收集和分析海量的市场信息，包括宏观经济数据、行业发展趋势、企业财务指标等，从而为投资决策提供更加科学、客观的依据。通过数据挖掘和机器学习算法，投资者可以发现隐藏在数据背后的投资机会，从而优化资产配置。

其次，人工智能技术可以辅助投资者进行投资组合的动态管理。传统的投资组合管理往往是静态的，难以适应瞬息万变的市场环境。而人工智能系统可以实时监测市场动态，根据预设的投资策略来自动调整投资组合，实现动态再平衡。这不仅提高了投资组合管理的效率，也有效地降低了人为因素带来的风险。

最后，区块链技术为投资组合的安全和透明提供了保障。区块链的去中心化、不可篡改等特性，可以确保投资交易记录的真实性和完整性，能够防止数据被恶意篡改或删除。同时，智能合约可以自动执行投资协议，提高投资过程的透明度和可信度。这对于维护投资者权益，促进资本市场健康发展具有重要意义。

（二）投资组合管理

数字化工具和平台的应用，大大提高了投资组合的灵活性和管理效率。借助大数据分析、人工智能等前沿技术，投资者能够实时监控市场动态，捕捉投资机会，优化资产配置，实现投资组合的动态调整。

1.投资决策依赖于投资者的主观判断和经验，难以快速响应市场变化

数字化技术的应用，使投资组合管理变得更加数据驱动和智能化。通过对海量金融数据的挖掘和分析，投资者可以全面了解到市场趋势，识别潜在风险，从而做出更加精准、及时的投资决策。同时，机器学习算法还能够根据投资者的风险偏好和投资目标来为投资者自动生成最优的资产配置方案，极大地提升了投资组合的个性化和适配性。

2.数字化技术为投资组合管理提供了更加便捷、高效的操作平台

云计算、移动互联网等技术的普及，使得投资者可以随时随地访问投资组合，实时查看投资的收益情况，进行交易操作。区块链技术的应用，更是提高了投资组合管理的透明度和安全性。通过将投资组合的构成、交易记录等信息上链，投资者能够清晰地追踪资金流向，防范道德风险，维护自身权益。

3.数字化技术促进了投资组合管理的社会化和协作化

众多在线投资社区和平台的兴起，为投资者提供了交流互动、经验分享的渠道。投资者可以借鉴他人的投资策略，学习先进的投资理念，与他人共同探讨市

场机遇与挑战。一些智能投顾平台还整合了多方资源,为投资者提供了一站式的资产配置服务,大大降低了投资门槛,拓宽了投资渠道。

4.数字化技术在投资组合管理中极大地提升了投资组合的灵活性和管理效率

借助大数据分析、人工智能等前沿技术,投资决策变得更加数据驱动和智能化,资产配置更加个性化和适配化。云计算、移动互联网、区块链等技术则为投资组合管理提供了一个便捷、高效、透明、安全的操作平台。在线投资社区和智能投顾平台的兴起,更是促进了投资组合管理的社会化和协作化。展望未来,数字化技术必将深刻重塑投资组合管理模式,并将为高新技术产业的投融资发展注入新的动力。

四、数字化对高新技术产业投资决策的影响

(一)数据驱动的投资决策过程

在大数据时代,海量的数据资源为投资者提供了前所未有的洞察力和决策支持。通过对市场趋势、行业动态、企业财务等各类数据的采集、整理和分析,投资者能够更加全面、客观地评估投资机会和风险,做出更加科学、合理的投资决策。

传统的投资决策往往会依赖于投资者的主观判断和经验直觉,难免存在片面性和局限性。而数据驱动的投资决策则强调以数据为基础,通过对数据的挖掘和建模,来发现隐藏在数据背后的规律和趋势,从而为投资决策提供客观、可靠的依据。例如,通过对上市公司财务报表数据的分析,投资者可以准确评估企业的盈利能力、成长性和风险水平;通过对行业数据的分析,投资者可以把握行业发展趋势,识别潜在的投资机会;通过对宏观经济数据的分析,投资者可以判断经济周期和政策走向,调整自己的投资策略。

大数据技术的应用极大地提升了投资决策的科学性和准确性。机器学习、自然语言处理等人工智能技术可以帮助投资者快速处理海量的非结构化数据,如新闻报道、研究报告、社交媒体等,并从中提取关键信息,感知市场情绪。知识图谱、因果推理等技术可以帮助投资者挖掘数据间的复杂关联,识别潜在的风险因素和投资机会。量化投资、算法交易等数据驱动的投资策略已经在证券、基金、期货等

领域得到了广泛应用，并取得了良好的投资回报。

数据驱动的投资决策不仅提高了投资效率，降低了投资风险，也为高新技术产业的发展注入了新的活力。通过数据分析，投资者可以更加精准地发现和投资优质的高新技术企业，并为其提供充足的资金支持和战略指导。同时，数据的积累和应用也推动了高新技术产业自身的变革与创新。例如，数据驱动的精准医疗、智慧城市、智能制造等新兴领域的崛起，既得益于大数据、人工智能等技术的进步，也吸引了大量的数据驱动型投资。

（二）人工智能与机器学习在投资决策中的应用

随着大数据时代的到来，海量的金融市场信息与投资数据为人工智能技术的应用提供了前所未有的机遇。通过对历史数据的深入挖掘和学习，人工智能算法能够发现隐藏在数据背后的复杂模式和规律，为投资者提供更加精准、高效的决策支持。

在投资领域，机器学习的一个主要应用是预测资产价格走势。传统的量化投资模型往往基于线性回归等简单算法，难以准确刻画金融市场的非线性、动态特征。而先进的机器学习算法，如支持向量机、随机森林、神经网络等，则能够从海量数据中自动提取有效特征，从而构建更加复杂精细的预测模型。通过对历史价格、交易量、情绪指标等多维度数据的综合分析，机器学习算法可以识别出影响资产价格的关键因素，并预测其未来走势，为投资决策提供重要参考。

除了价格预测，机器学习算法也广泛应用到了投资组合优化中。现代投资组合理论强调通过资产配置实现风险分散和收益最大化。但在实践中，如何从众多备选资产中选择最优组合，并对权重进行动态调整以适应市场的变化，是一个复杂的组合优化问题。运用机器学习技术，可以在海量历史数据的基础上，自动寻找收益与风险的平衡点，计算出最优资产配置方案。同时，机器学习算法还能实时跟踪市场动态，根据最新数据对组合进行动态再平衡，从而在保证收益的同时可以有效控制投资风险。

人工智能技术的另一个重要应用领域是投资风险管理。金融市场瞬息万变，潜在的风险因素错综复杂。传统的风险评估方法往往依赖主观判断和静态模型，难以全面、准确地识别各类风险。运用机器学习算法，可以实时监测海量金融数据，敏锐地捕捉市场异动和风险信号。例如，通过对资产价格、投资者情绪、舆情信息等数据的实时分析，机器学习模型能够及时预警市场剧烈波动、非理性投资行为等风险事件，为风险防范和化解争取了宝贵时间。此外，机器学习还能够通过压力测试、情景分析等方法，对投资组合在极端市场条件下的潜在损失进行评估，帮助投资者做好风险准备。

（三）投资者行为的数字化理解

随着大数据、人工智能等技术的迅速发展，投资者行为的数字化理解已经成为金融科技领域的重要研究方向。通过对海量投资数据的采集、存储、处理和分析，我们可以更加全面、精准地洞察投资者的决策模式、风险偏好和情绪状态，为优化投资策略、控制投资风险提供科学依据。

投资者行为的数字化理解首先体现在对其交易行为的深入挖掘上。传统的投资者行为研究主要依赖问卷调查、访谈等定性方法，难以全面、动态地反映投资者的真实行为特征。而通过对投资者的交易记录、持仓数据等进行数字化分析，我们可以精准刻画出其交易频率、交易时机、仓位变动等关键指标，揭示其投资决策的内在逻辑和行为模式。例如，通过对投资者的日内交易数据进行高频分析，可以发现其对市场信息的反应速度和交易策略的动态调整过程，进而判断其是趋势型投资者还是反转型投资者。又如，通过对投资者的资产配置数据进行聚类分析，可以识别出不同风险偏好的投资者群体，为制定差异化的投资产品和服务提供依据。

投资者情绪的数字化解析是理解其行为的另一个重要维度。投资者的情绪状态会直接影响其风险偏好和决策行为，但传统的情绪测量方法如情绪调查等存在主观性强、时效性差等局限。利用自然语言处理、情感计算等技术对投资者在社交媒体、论坛等平台上的文本数据进行情绪分析，能够实时、动态地捕捉投资者的情绪变化，从而预警市场情绪的极端变化。例如，当投资者在社交媒体上表达悲观、恐慌等负面情绪时，往往预示着市场风险的累积和个人风险偏好的下降。通过持续监测投资者情绪的数字化指标，将有助于量化市场的恐慌指数，优化风险管理策略。

数字化技术还为投资者行为的预测和引导开辟了新的路径。一方面，机器学习算法可以基于海量的历史数据，构建投资者行为预测模型，识别影响其决策的关键因素，提前预判其未来的投资动向。例如，通过训练神经网络模型，可以从投资者过往的交易模式、持仓特征等数据入手，预测其未来一段时间内的资产配置倾向和风险承受能力，为资产管理机构提供智能化的投资理财服务。另一方面，数字化技术也为引导投资者行为提供了新的可能。例如，通过开发个性化的投资者教育 App，利用游戏化机制，可以对投资者的风险教育和理性投资加强引导，帮助其做出更加科学的投资决策。

值得注意的是，投资者行为的数字化理解仍面临着数据质量、隐私保护、模型解释性等挑战。海量的投资行为数据中往往存在噪声和缺失，需要进行数据清洗和修正。同时，投资者的隐私安全也必须得到充分保障，要在合规的前提下开展数据分析工作。此外，复杂的机器学习模型在提供投资者行为预测的同时，其内在逻辑往往难以解释，存在一定的“黑箱”风险，需要加强模型的可解释性研究。

第五章　数字化对高新技术产业创新人才投入的影响

第一节　数字化对高新技术产业人才培养的影响

一、数字化技术在高新技术产业人才培养中的应用

(一)在线课程与远程教育平台

在数字化时代,在线课程和远程教育平台打破了时间和空间的限制,为高新技术产业的人才培养提供了更加灵活、便捷的途径。借助互联网技术,优质的教育资源能够被更广泛地共享,学习者也能够根据自身需求,自主安排学习进度和学习内容。

对于高新技术产业而言,在线课程和远程教育平台的优势尤为突出。这些行业的知识更新速度快,对人才的专业性要求高。传统的高校教育往往难以完全满足产业发展的需求。而在线课程能够及时将最新的技术知识传授给学习者,帮助他们快速掌握行业前沿动态。同时,诸多在线教育平台还与知名企业合作,开设了由行业专家授课的实践性课程,使学习者能够将理论知识与实际应用相结合,提升职业技能。

此外,在线课程和远程教育平台还大大拓宽了高新技术产业人才的来源渠道。过去,这些行业的人才主要来自重点高校的相关专业。而如今,无论是在职人员,还是跨专业的学习者,都能够通过在线学习的方式,快速掌握所需的知识和技能,成为合格的高新技术人才,这无疑为产业发展注入了新的活力。

随着5G、人工智能等新一代信息技术的发展,在线教育必将迎来更加广阔的前景。虚拟现实、增强现实等技术的应用,使在线课程的教学形式更加丰富多样。大数据分析则有助于实现个性化、精准化的教学。可以预见,未来的在线课程和远程教育平台,将为高新技术产业人才培养提供更强大的支撑。

(二)虚拟实验室与模拟技术

虚拟实验室和模拟技术打破了传统实验教学的时空限制,为学生提供了身临其境、反复操作的实训机会。在虚拟环境中,学生可以探索各种设计方案,观察不同参数对实验结果的影响,从而加深对专业知识的理解。更重要的是,虚拟实验室和模拟技术营造了一个安全、经济、高效的学习环境。学生无须担心因操作失误而造成的设备损坏或人身伤害,可以专注于实验本身,从失败中吸取教训,在反复尝试中掌握技能。

虚拟实验室和模拟技术的应用,极大地丰富了实验教学的内容和形式。以航空航天工程专业为例,学生可以在虚拟环境中组装飞行器部件,测试各种空气动力学模型,模拟飞行器的起飞、航行和着陆过程。这些实践机会在现实中则难以实现,而虚拟技术让学生有机会将理论知识与工程实践相结合,从而提升了实验教学的针对性和实效性。同时,虚拟实验室和模拟技术还有助于培养学生的创新意识和动手能力。在开放的虚拟环境中,学生可以自主设计实验方案,构建新颖的模型,探索前沿的技术。这种自主性和探索性激发了学生的好奇心和求知欲,培养了他们敢于尝试、勇于创新的科学精神。

当然,虚拟实验室和模拟技术在提供便利的同时,也对教学提出了新的要求。教师需要精心设计教学内容,开发高质量的虚拟资源,引导学生合理使用虚拟工具。同时,教师还应注重培养学生的动手能力,防止其过度依赖虚拟环境而忽视真实操作。因此,在教学中,应合理配置虚拟实验和真实实验的比例,形成优势互补、相得益彰的混合式教学模式。

(三)个性化教学方案设计与学生能力评估

在数字化时代,通过收集、分析海量的教育数据,教育工作者能够更加精准地洞察学生的学习特点和个性化需求,从而制订出更加科学、有效的人才培养方案。这不仅有助于优化教学内容和方法,提升人才培养质量,更能为学生未来的职业发展提供强有力的支撑。

大数据分析技术使得个性化教学方案的设计成为可能。传统的人才培养模式往往采用“一刀切”的方式,忽视了学生的个体差异和特殊需求,而大数据分析则能够通过对学生学习行为、学习效果等数据的挖掘,精准刻画每个学生的学习特点和知识掌握情况。在此基础上,教师可以因材施教,为不同学生量身定制符合自身发展的学习路径和培养方案。这种个性化教学不仅能够最大限度地发掘每个学生的潜力，满足其特殊需求，更能激发学生的学习兴趣和主动性，提高人才培养的针对性和实效性。

学生能力评估是个性化人才培养的重要环节，大数据分析为其提供了有力支撑。传统的学生能力评估主要依赖于考试成绩等单一指标，难以全面、客观地反映学生的真实水平。而大数据分析则能够综合考虑学生的学习过程数据，如学习行为、学习效果、知识掌握情况等，构建多维度、动态化的能力画像。这种全面精准的能力评估，能够帮助教师及时发现学生在学习中存在的问题与不足，并据此调整教学策略，提供有针对性的指导和帮助。同时，客观、全面的评估结果也能为学生的自我认识、自主学习提供重要参考，增强其学习的目的性和主动性。

大数据分析还能够优化高新技术产业人才培养的资源配置。通过对人才需求、人才供给等数据的分析，教育机构能够准确把握产业发展动向和人才市场需求，进而动态调整专业设置、课程体系和教学内容，使人才培养与产业需求实现精准对接。同时，大数据分析还能够为教育决策提供数据支持，帮助教育管理者科学规划教育资源，提高人才培养的投入产出效益。

二、数字化对高新技术产业人才培养模式的变革

（一）翻转课堂与学习导向变更

翻转课堂通过重构师生角色，提倡主动探索式学习，使学生从被动的知识接受者转变为学习的主人，从而突破了传统教学的局限，培养适应新时代要求的创新型人才。

在翻转课堂中，教师不再是知识的唯一传授者，而是学生学习的引导者和促进者。教师通过精心设计教学内容，为学生提供丰富的学习资源，如微课视频、在线测试、讨论任务等，引导学生在课前完成知识的自主学习。这一过程不仅让学生掌握了基本概念和原理，更重要的是培养了他们独立思考、自主探究的能力，而课堂则成为学生展示学习成果、互动交流、协作探究的平台。教师通过设置开放性问题、组织小组讨论、开展案例分析等多种形式，引导学生进行深入思考，激发其创新潜能。在这一过程中，学生通过与他人分享见解、碰撞思想，加深了对知识的理解，提高了分析问题、解决问题的能力。

翻转课堂模式还有助于因材施教，满足学生个性化发展需求。传统教学往往采用“一刀切”的授课模式，难以兼顾学生的学习差异。而在翻转课堂中，学生可以根据自己的学习进度，灵活安排学习时间。对于基础较好的学生，教师可以提供更具挑战性的学习任务，引导其进行更高阶的思考；对于学习有困难的学生，教师则可以提供更多的指导和帮助，确保每一个学生都能获得适合自己的发展。这种个性化的教学有利于学生潜能的充分发挥，促进其全面发展。

此外，翻转课堂还为产教融合、校企合作提供了更大空间。高新技术产业发展瞬息万变，对人才的实践能力和创新能力提出了更高的要求。通过翻转课堂，教师可以更好地将行业前沿、实践案例引入教学，邀请企业专家参与教学设计和课堂指导，让学生在真实的工程情境中体悟专业知识的应用价值。学生也可以通过课堂展示、项目实践等方式，向企业展示自己的能力和潜质，从而为未来的职业发展奠定基础。学校与企业的紧密互动，将有利于实现人才培养与产业需求的精准对接，提升人才培养质量。

要充分发挥翻转课堂的优势，推动高新技术产业人才培养模式的变革，还需要在课程设置、教学评价、师资队伍等方面进行配套改革。课程设置应注重前沿性、交叉性和实践性，为学生提供更多探索、创新的机会；教学评价应建立多元化的评价体系，既考查学生对知识的掌握，又关注其能力的提升和素养的培育；师资队伍建设要加强对教师的信息化教学能力培训，提升其组织翻转课堂的水平。只有系统推进、协同创新，才能真正实现翻转课堂的价值，培养出适应高新技术产业发展需要的高素质创新人才。

翻转课堂代表了教育教学理念的重大变革，体现了以学生为中心、注重能力培养的新型教学范式。作为高新技术产业人才培养的重要途径，它正在推动着教与学方式的深刻变革，激发着学生的创新潜能，照亮着学生成长、成才之路。未来，随着教育信息化的深入推进，翻转课堂必将发出更加耀眼的光芒，成为高新技术产业人才培养中一道亮丽的风景线。

(二)项目式与问题解决导向的教学

项目式与问题解决导向的教学是一种以学习者为中心、强调实践应用和创新能力培养的教学模式。在高新技术产业人才培养中，这种教学方式能够有效弥补传统教学的不足，增强学生的实践技能与创新能力。

在项目式教学中，教师根据高新技术产业发展需求，精心设计具有挑战性和实用性的项目任务，引导学生通过团队协作、自主探究等方式，运用所学知识解决实际问题。这一过程不仅能够加深学生对知识的理解和掌握,更能培养其分析问题、解决问题的能力。例如,在人工智能专业教学中,教师可以设计一个智能语音助手开发项目,要求学生运用机器学习、自然语言处理等技术,开发出一款功能完善、性能优越的语音助手应用。在项目开发过程中,学生需要查阅文献、设计算法、编写代码、调试程序,最终形成一个完整的解决方案。这种沉浸式的学习体验,能够充分调动学生的主观能动性,激发其学习兴趣和探究欲望。

问题解决导向教学则是以真实世界中的复杂问题为载体,引导学生综合运用多学科知识,提出解决方案。在高新技术产业人才培养中,这种教学方式能够有效培养学生的批判性思维和创新意识。教师可以选取行业内的前沿性、复杂性问题,如新材料的研发、高效能源的利用等,组织学生开展头脑风暴,鼓励其从不同角度提出见解,并通过小组讨论、案例分析等方式,评估各种解决方案的可行性。在这一过程中,学生不仅能够深入理解问题的本质和内在联系,更能学会从多学科视角来分析问题,从而提出创新性的解决思路。这种开放式的教学模式,能够打破学科壁垒,促进知识的交叉融合,为培养高素质复合型人才奠定基础。

项目式与问题解决导向教学的成功实施,离不开教师教学理念的更新和教学设计能力的提升。教师需要深入分析高新技术产业对人才知识结构、能力素质的要求,优化课程内容,创新教学方法,将理论学习与实践应用相结合。同时,教师还应注重营造民主、平等、开放的师生关系和课堂氛围,鼓励学生大胆质疑、勇于创新,培养其独立思考、主动学习的意识和能力。

在信息技术飞速发展的时代,项目式与问题解决导向教学与数字化技术的深度融合,能够进一步提升人才培养的质量和效率。教师可以充分利用虚拟仿真、在线学习平台等数字化工具,为学生提供更加丰富多元的学习资源和实践机会。学生可以利用网络平台,与业界专家进行在线交流,了解行业发展动态和实际需求。这种线上、线下相结合的混合式教学模式,能够突破时间和空间的限制,为学生创造更加开放、互动的学习环境。

(三)终身学习与在线认证机制

终身学习和在线认证机制的建立,是鼓励持续学习,建立多样化资质认证体系的关键举措。随着知识更新速度的加快和技术迭代周期的缩短,高新技术产业对从业人员的学习能力和适应能力提出了更高的要求。单纯依靠学历教育已经难以满足产业发展的需求,建立完善的终身学习体系势在必行。

在线教育平台的兴起为终身学习提供了便利条件。各类在线课程、专业培训、技能认证等形式多样的学习资源，使从业人员能够根据自身需求，灵活安排学习时间和学习进度。与此同时，在线学习还打破了地域限制，学习者可以跨越时空，向不同领域的专家学习，可以拓宽知识视野。这种自主性和多样性，极大地激发了从业人员的学习热情，推动了学习型组织的建设。

然而，在线学习的广泛开展也对学习成果的评价和认证提出了新的挑战。传统的学历认证体系难以全面评估从业人员的能力水平，亟须建立与之相适应的多元化认证机制。国家和行业组织应加强顶层设计，制定统一的在线学习认证标准和质量监管体系。同时，鼓励企业和社会机构参与到认证体系的建设中来，根据岗位需求设置针对性的技能认证项目。从业人员通过参加相应的在线培训和考核，获得行业认可的职业资格证书，从而实现对能力水平的客观评价，获得社会认可。

多样化的资质认证体系的建立，不仅能够为用人单位提供参考，优化人才选拔机制，也能够帮助从业人员明确发展方向，制订个性化的职业发展规划。政府和企业还应提供相应的激励政策，将在线学习与考核认证挂钩，把学习成果与职务晋升、薪酬福利等激励机制结合起来，充分调动从业人员自主学习的积极性。同时，加强对学习型组织建设的政策引导和资金支持，营造重视学习、崇尚创新的良好氛围。

三、数字化对高新技术产业人才培养内容的丰富

（一）前沿技术课程与学科交叉融合

在数字化时代，新兴技术的迅猛发展为高新技术产业人才培养带来了新的机遇和挑战。高新技术产业对创新型人才的需求日益迫切，这就要求我们必须与时俱进，不断优化人才培养方案，创新教学内容和教学方法。在这一背景下，增设前沿技术课程，促进学科交叉融合，已成为提升高新技术产业人才培养质量的重要举措。

前沿技术课程是紧跟科技前沿、反映最新科研成果的课程。这类课程内容新颖、形式灵活，有助于拓宽学生的知识视野，激发其进行科技创新的热情。人工智能、大数据、区块链、量子计算等代表性的前沿技术课程，为学生提供了了解最新技术趋势、把握未来产业方向的难得机会。通过学习前沿技术课程，学生能够及时更新知识结构，掌握关键技术的基本原理和应用场景，为未来从事相关领域的

科研和实践奠定坚实的基础。同时,前沿技术课程还能培养学生的创新意识和探索精神。在学习过程中,学生不仅要掌握现有的理论和技术,更要学会批判性思考,勇于质疑和挑战,提出自己的创新设想。这种富有挑战性的学习体验,将有助于学生养成敢于创新、勇于探索的科学精神和家国情怀。

学科交叉融合是当前科技创新的重要趋势,也是高新技术产业人才培养的必然要求。在现实场景中,许多复杂问题的解决都需要多学科知识的综合运用。因此,打破学科壁垒,促进不同学科的交叉融合,能够帮助学生形成多元化的知识结构和系统化的解决问题能力。通过开设交叉学科课程,鼓励不同专业的学生合作学习,可以有效促进学科交叉融合。例如,机器人专业的学生学习人工智能课程,可以综合运用机械、电子、计算机等多学科知识,设计出功能更加强大的智能机器人;信息安全专业的学生修读密码学课程,能够将数学、信息论与安全技术相结合,研究更加可靠的信息保护方案。在交叉学科的学习过程中,学生不仅能拓宽知识视野,还能提升综合运用知识的能力,培养跨学科协作和创新的素养。

高新技术产业的发展瞬息万变,这就要求我们必须建立起灵活、开放的课程更新机制。一方面,高校应密切关注产业发展动向,主动对接行业需求,适时更新调整教学内容。另一方面,还应吸收和借鉴科研院所、行业企业的真知灼见,邀请专家学者和一线工程师参与课程建设。通过产教融合、校企合作等方式,将前沿技术成果和实践经验及时引入课堂,能够极大地提升课程内容的前瞻性和实用性。同时,高校还应鼓励教师积极参与科研项目,及时将科研成果转化为教学内容。对于特别前沿或学科高度交叉的内容,可以尝试开设教授讨论课或研究型课程,由科研人员与学生共同探讨前沿问题,激发其创新灵感,这种研究性、探索性的教学模式有利于培养学生的批判性思维和创新能力。

(二)软技能培训与创意思维开发

在数字化时代,高新技术产业的发展不仅需要扎实的专业知识和技术能力,更需要优秀的沟通协作能力、创新思维和解决问题的能力。将软技能培训与创意思维开发纳入人才培养体系,将有助于培养全面发展、适应时代需求的高素质创新型人才。

1.软技能

软技能是指个人在工作和生活中所需要的非专业性技能,如沟通表达、团队协作、领导力、时间管理、情绪控制等方面。这些技能与专业知识和技能相辅相成，对个人的职业发展和综合素质提升具有重要意义。在高新技术产业中，跨部门、跨领域的合作日益频繁，软技能的重要性日益凸显。拥有良好的沟通协调能力，能够有效地与团队成员交流，达成共识；具备出色的领导力，能够带领团队攻坚克难，完成既定目标；掌握高效的时间管理技巧，能够合理安排工作任务，提高工作效率。这些软技能的培养，需要通过系统化的训练和实践来实现。在人才培养过程中，教育机构应开设软技能培训课程，采用情景模拟、角色扮演、案例分析等多样化的教学方式，让学生在实践中强化软技能。

2.创意思维

创意思维是指运用想象力和直觉，打破常规思维定式，可以提出新颖独特见解的能力。在高新技术产业中，技术革新和产品创新是决定企业竞争力的关键因素。拥有创新意识和创意思维能力的人才，能够不断推陈出新，开发出适应市场需求的新产品、新技术、新服务。因此，在人才培养过程中，必须重视创意思维能力的开发与培养。一方面，教育机构应开设创新思维训练课程，通过头脑风暴、联想训练、发散思维等方法，激发学生的创造潜能。另一方面，在教育教学过程中，应为学生提供充足的自主探索空间，鼓励学生大胆质疑、勇于尝试，培养其敢于创新的勇气和自信心。

软技能培训与创意思维开发相辅相成，共同构成了高新技术产业人才培养的重要内容。一方面，良好的软技能是创新思维践行和实现的基础。创新往往需要跨领域、跨部门的协作，没有良好的沟通协调能力和领导力，创新构想就难以付诸实践。另一方面，创新思维能力又为软技能的发展提供了广阔的空间。在创新实践中，个人的沟通表达、团队协作、问题解决等软技能必将得到锻炼和提升。因此，在人才培养过程中，教育机构应统筹规划，将软技能培训与创意思维开发有机结合，通过训练营、项目实践、创新大赛等多种形式，提供实践平台，强化复合型技能培养。

(三)国际视野培养与文化交流课程设计

数字化技术的广泛应用为国际视野与文化交流课程的开设提供了便利条件。通过引入国际前沿技术案例、组织跨国团队协作项目等方式，这类课程能够帮助学生了解不同国家和地区的技术发展现状，学习借鉴国外先进经验，提升全球化背景下的竞争力。

国际视野与文化交流课程的设计应致力于拓宽学生的知识边界，开拓其思维视角。一方面，课程内容要紧跟全球高新技术产业的最新动态，选取不同国家在人工智能、大数据、云计算、生物医药等领域的代表性成果，引导学生比较分析其异同点，把握技术创新的国际趋势。另一方面，课程形式要注重培养学生的跨文化交流能力，采用线上线下相结合的方式，营造沉浸式、交互式的学习体验。例如，通过与国外高校合作开设远程联合课堂，学生可以与来自不同文化背景的师生直接对话交流，在碰撞交流中产生创新的思想火花。

事实上，国际视野和跨文化交流能力已成为衡量高新技术产业创新人才的重要指标。一名合格的创新者不仅要具备扎实的专业知识和技能，还应当能够站在全球的高度审视技术发展问题，以更加开放包容的心态看待不同的观点，在交流互鉴中吸收借鉴他国的有益经验。这就要求高校在人才培养过程中加大国际视野与文化交流课程的比重，为学生搭建与世界对话的桥梁。

值得一提的是，国际视野与文化交流课程的开设需要校企深度合作、产教融合的支撑。知名跨国企业往往在全球范围内部署研发网络、整合创新资源，代表了行业发展的前沿方向。高校应主动寻求与这些企业开展合作，吸引企业专家参与课程建设，为学生创造参观学习、实习实践的机会。通过将真实的国际化项目引入课堂，让学生在具体情境中感受多元文化的交融，培养其国际视野和协作能力。

面向未来，高新技术产业创新人才培养必须植根于全球视野，弘扬开放包容的文化价值理念。国际视野与文化交流课程作为培养具备全球竞争力创新者的关键载体，理应成为高校人才培养方案的重要组成部分。高校应立足于产业需求，加强校企、校校合作，积极探索课程的创新路径，为学生成长为能够驾驭复杂多变国际环境的领军人才创造有利条件。唯有如此，才能更好地服务于国家创新驱动发展战略，推动中国高新技术产业在全球舞台上始终保持领先地位。

四、数字化对高新技术产业人才培养环境的提升

（一）智能教室与数字化学习工具

智能教室利用物联网、大数据、人工智能等先进技术，为教与学营造了一个高度互动、个性化的环境。在这里，教师可以根据学情实时调整教学策略，学生也能够通过人机交互获得适合自己的学习体验。同时，虚拟现实、增强现实等沉浸式技术的引入，使复杂的工程问题、前沿的科研成果能够以更加直观、生动的方式呈

现，极大地激发了学生的学习兴趣和探究热情。

数字化学习工具如在线课程平台、智能学习助手等，为高新技术产业人才培养提供了更加丰富、灵活的途径。学生可以突破时空限制，按照自己的节奏来学习，并利用海量的在线资源拓宽知识视野。大数据技术的应用还能够对学生的学习行为进行全方位跟踪和分析，从而为其提供精准的学习指导和个性化推荐。此外，在线协作平台的普及，让学生能够更方便地开展跨学科、跨区域的交流与合作，培养学生的团队协作和沟通表达等关键能力。

（二）校企合作与产教融合平台

在数字化时代背景下，校企合作与产教融合平台的建设需要充分利用数字化技术，要创新合作模式，构建校企共享的实训基地，以提高人才培养的针对性和实用性。

数字化技术为校企合作与产教融合平台的建设提供了强大的支撑。通过建立数字化的校企合作平台，学校和企业可以实现资源的共建共享，教师和企业技术人员可以开展将线上线下相结合的交流合作，共同开发课程资源，一同设计实践教学方案。同时，数字化平台还可以为学生提供在线学习、虚拟仿真实训等多样化的实践机会，突破时间和空间的限制，提高实践教学的灵活性和便捷性。

校企共建的实训基地是产教融合的重要载体。在数字化环境下，校企双方可以充分利用虚拟现实、增强现实等技术来构建高度仿真的虚拟实训环境，让学生身临其境地体验企业生产流程，使他们掌握实际工作技能。同时，实训基地还可以引入企业真实项目，为学生提供参与企业研发、生产的机会，提高学生解决实际问题的能力。通过校企共建实训基地，可以实现学校教学与企业生产的无缝对接，提高人才培养的针对性和实用性。

创新的校企合作模式是提升产教融合质量的关键。在数字化时代，校企合作不应局限于传统的订单班、实习实训等形式，而应积极探索更加深入、多元的合作模式。例如，学校可以与企业联合成立创新实验室，两者共同开展前沿技术研究和成果转化；企业可以派遣技术骨干来担任学校的兼职教师，参与专业课程建设和教学改革；学校与企业还可以合作开展现代学徒制试点工作，探索校企双主体育人的新模式。这些创新的合作模式有助于实现校企资源的深度融合，促进教学与生产的良性互动。

在数字化的背景下，校企合作与产教融合平台的建设还需要政府的政策支持和制度保障。政府应加大对校企合作的投入力度，完善产教融合的激励机制，鼓励企业深度参与人才培养过程之中。同时，还应健全校企合作的法律法规，明确校企双方的权责利，为产教融合创造良好的制度环境。此外，政府还可以搭建区域性、行业性的校企合作平台，促进资源共享和优势互补，推动产教融合向纵深发展。

（三）可持续发展的教育生态环境

在数字化时代，绿色科技与环保理念的融入已经成为教育变革的重要方向。

一方面，绿色科技为优化教学环境、提升教学效率提供了新的可能。通过引入智能化的教学设备和数字化的学习平台，教育机构能够打造更加节能环保、舒适高效的教学空间，为学生创造良好的学习条件。同时，大数据分析技术的应用有助于教育机构精准把握学生的学习需求，实现教学资源的合理配置，从而减少浪费。

另一方面，将环保理念融入人才培养全过程之中，对于塑造学生的可持续发展意识和社会责任感具有重要意义。在教学内容的设置上，教育工作者应将生态文明建设、绿色经济发展等前沿议题纳入课程体系，引导学生关注人与自然的和谐共生，使学生树立尊重生命、爱护环境的价值观。在教学实践中，教师还可以组织学生参加环保公益活动、生态调查研究等，培养其勇于承担社会责任的品格和积极践行环保的行为习惯。

事实上，高新技术产业的创新发展与可持续的教育生态环境密不可分。作为国家战略性新兴产业，高新技术产业代表了科技进步和经济增长的重要方向。然而，高新技术的发展如果脱离了生态文明建设的轨道，片面追求经济效益，势必会加剧资源枯竭和环境污染等问题，最终陷入不可持续的困境。因此，高新技术产业创新人才的培养必须要建立在尊重自然、保护环境的基础之上。只有让创新的种子在绿色的沃土中生根发芽，才能实现人才培养与产业发展的良性互动和持续进步。这就要求教育工作者能够审时度势，努力营造有利于创新人才成长的教育生态环境。通过引入绿色科技，革新教学模式，加强环保理念的渗透，不断提升人才培养质量，为高新技术产业输送德才兼备的创新人才。

当前，我国高新技术产业正处于转型升级的关键时期。面对日趋激烈的国际竞争，推动产业迈向中高端，使产业实现高质量发展已成为必然选择。而人才培养质量的高低将直接决定产业能否顺利完成这一转型。在此背景下，教育部门和高新技术企业应加强产教融合，协同推进教育生态环境的优化。一方面，高校要主动对接产业需求，及时更新教学内容，完善实践教学条件，为学生提供贴近一线、富有创新精神的学习体验。另一方面，企业要积极参与人才培养全过程，加大对教育事业的投入力度，为高校引进先进的教学仪器设备、建设校外实践基地提供支持。同时，企业还可以选派优秀工程师担任兼职教师，与高校教师深度合作，共同指导学生科研项目，增强人才培养的针对性和实效性。

第二节　数字化对高新技术产业人才招聘的影响

一、数字化对高新技术产业人才招聘平台的影响

(一)招聘平台功能的拓展

随着大数据、人工智能等新兴技术的快速发展，传统的人才招聘模式已难以适应企业对高质量人才的迫切需求。创新的在线招聘平台应运而生，为企业和求职者搭建起了一个更加高效、便捷的沟通桥梁。

招聘平台的数字化升级，极大地拓展了其功能边界。借助大数据分析和机器学习算法，平台可以精准捕捉海量的求职者信息，并根据企业的岗位需求来实现智能化的人才推荐和筛选。求职者通过平台填写详细的个人简历，展示专业技能和项目经验，系统可自动为求职者匹配合适的职位，大幅提升双方匹配效率。同时，在线笔试、远程面试、VR 场景模拟等功能的加入，让求职流程更加灵活多元，企业可以更全面地考察候选人的综合素质。

数字化平台还通过丰富的互动方式，增进了用人单位与求职者之间的了解和信任。视频面试打破了地域限制，让双方能够“面对面”交流，感受彼此的言谈举止和性格特点。虚拟现实技术可以营造身临其境的工作场景，使求职者可以提前体验企业文化和工作氛围，帮助其做出更加理性的就业决策。在线编程测试、案例分析等环节，则为企业提供了更为客观公正的人才评估依据。双向评价机制的引入，既是对候选人能力的认可，也促使企业不断优化招聘流程和用人环境。

值得一提的是，数字化招聘平台的开放性和共享性，极大地促进了人才资源的优化配置。各大平台积极对接国内外知名高校、科研院所、行业协会，吸引了一大批高精尖人才入驻。先进的人才画像和推荐系统精准连接了人才与岗位，实现了人尽其才、才尽其用。跨区域、跨行业的人才流动日益频繁，高新技术企业可以更加便捷地获取急需的专业人才，破解“招工难”的瓶颈。

数字化不仅赋能招聘平台本身,更推动了人才招聘理念的创新升级。在海量数据的支持下,平台着眼于人岗匹配的长期效果,而非简单填补空缺。通过对求职者从教育背景、工作经历到性格特质、发展潜力的多维度分析,为企业心仪人选精准画像。同时为顺应年青一代求职观的转变,平台可以提供个性化、专属化的职业发展路径规划,以此来激发人才的上进心和忠诚度。前沿技术在招聘中的应用,让人才引进更加聚焦创新能力、学习潜力等核心要素,引导企业树立科学的用人导向。

随着人才争夺战的日益激烈,高新技术产业对优秀人才的渴求与日俱增。数字化招聘平台的诞生和升级,以技术之力破解了人才供需信息不对称的难题。通过搭建开放、互信、共享的人才交流生态,平台携手广大企业和求职者,共同探索人力资源配置的全新路径。面向未来,数字化平台还将加快人工智能、区块链等技术与招聘场景深度融合的速度,为高新技术产业储备更多的高层次、复合型人才,助推产业转型和创新发展。

(二)智能化匹配系统的建立

传统的人才筛选方式往往依赖于人力资源专业人员的主观判断,存在着效率低下、偏差大等问题。而智能化匹配系统通过大数据分析和机器学习算法,能够快速、准确地识别出与岗位要求相匹配的优秀人才,这大大提升了人才筛选的效率和质量。

智能化匹配系统的核心在于建立完善的人才画像和岗位画像。通过收集和分析海量的简历数据,智能化匹配系统能够全面刻画出候选人的教育背景、工作经历、专业技能、行业知识等各方面特征,形成立体化的人才画像。同时,系统还能够根据企业提供的岗位说明书,提取关键词,构建起细致入微的岗位画像。在此基础上,智能化匹配系统可以运用先进的算法模型,精准计算人才画像与岗位画像之间的匹配度,快速锁定最匹配的候选人,实现人岗精准匹配。

以某高新技术企业为例,该企业在招聘一名软件开发工程师时,传统方法需要人力资源专员花费大量时间筛选简历,效率低下。而在引入智能化匹配系统后,系统可以通过分析 500 份简历,提取教育背景、项目经验、编程语言、开发工具等关键词,与岗位要求进行匹配,仅用 1 小时就能够为企业推荐出 5 位匹配度最高的候选人,极大提升了招聘效率。

智能化匹配系统在提升人才筛选效率的同时,还能够消除人为因素带来的偏差。传统筛选模式中,面试官的主观印象往往会影响人才评估的客观性和准确性。而智能化匹配系统基于客观数据和算法模型,能够规避这一问题,确保筛选过程的公平公正。此外,系统还可以根据企业的用人偏好,调整匹配算法的权重,实现个性化、精细化的人才筛选。

智能化匹配系统的应用不仅局限于简历筛选环节,在面试环节也大有可为。一些先进的系统已经能够通过人脸识别、语音分析等技术,捕捉候选人在面试过程中的细微表现,如表情、语气、肢体语言等,并与海量面试数据进行对比分析,客观评估候选人的沟通能力、应变能力、抗压能力等软实力,为面试官提供更加全面的参考依据。

二、数字化对高新技术产业人才筛选的影响

(一)数据驱动的候选人评估

随着大数据、人工智能等技术的快速发展,企业正积极探索利用量化指标对候选人进行全方位评估的方法,以提高人才筛选的科学性和精准性。

传统的人才评估往往依赖于人力资源管理者的主观判断,存在着一定的局限性和不确定性。而数据驱动的候选人评估则基于对海量候选人数据的挖掘和分析,通过构建科学的评估模型和指标体系,实现对候选人各项素质和能力的量化考察。这种方法不仅能够极大地提升评估效率,更能够减少人为因素的干扰,作出更加客观、公正的选人决策。

在实践中,高新技术企业正广泛应用各类量化指标来评估候选人的综合素质。学历背景、专业技能、工作经历等硬性指标是评估的基础,但仅靠这些还远远不够。企业更加重视候选人的软实力,如创新能力、学习潜力、团队协作等。为了对这些软实力进行量化评估,企业往往会为候选人设计一系列情景测试和能力挑战,通过数据分析来刻画候选人的性格特质和行为表现。例如,某知名互联网企业开发了一套基于大数据和机器学习的人才测评系统,综合考察候选人的逻辑思维、抗压能力、情绪管理等多项指标,从而形成立体化的人才画像,为招聘决策提供重要依据。

数据驱动的候选人评估不仅应用于招聘环节,更贯穿于人才管理的全过程。在数字化时代,企业积累了海量的员工工作数据,包括绩效表现、行为轨迹、社交网络等。通过对这些数据进行深度挖掘和关联分析,企业能够持续评估员工的成长潜力和岗位匹配度,优化人力资源配置,同时可以为员工提供个性化的职业发

展规划。一些企业甚至尝试利用人工智能算法来预测员工的离职风险，提前对风险采取针对性的干预措施，提升人才保留率。

当然，在大力推行数据驱动的候选人评估时，我们也要警惕可能存在的风险和挑战。评估指标的设计需要全面科学，要避免因考核维度单一而导致“唯指标论”。要防范数据失真、误判等问题，注重人机结合、定性定量并重。此外，还要高度重视对候选人的隐私保护，在数据采集、存储、使用等各个环节严格遵循相关法律法规。只有在坚持合规合法、技术与人文并重的前提下，数据驱动的候选人评估才能更好地服务于高新技术产业的人才招募。

(二)算法和人工智能在简历筛查中的作用

传统的人才筛选模式往往依赖于人力，存在着效率低下、主观性强等问题。而借助先进的算法模型和人工智能技术，企业可以从海量简历中快速、准确地识别出与自身最匹配的人选，这将大大提升招聘效率与质量。

算法在简历筛查中的应用主要体现在关键词提取、相关度计算等方面。通过自然语言处理技术，算法可以从简历文本中提取出职位要求的关键词，如专业背景、技能资质、工作经历等，并计算每份简历与职位描述的相关度得分。这一过程可以在短时间内完成对大量简历的初步筛选，迅速锁定与职位要求匹配度较高的候选人。与人工筛选相比，基于算法的筛选方式更加高效、客观，能够有效降低招聘成本。

人工智能则在简历筛查的基础上，进一步优化了人才评估和匹配的过程。机器学习算法可以通过分析企业现有员工的简历特征，总结岗位任职的成功模式。在此基础上，人工智能系统能够深入挖掘在候选人简历中蕴含的信息，综合评估其知识结构、能力素质、发展潜力等多方面因素，预测其与目标岗位的匹配程度。这种智能化的人才画像和匹配能够最大限度地挖掘简历数据的价值，为企业推荐最优质的人选。

此外，人工智能在简历真实性验证、面试安排等环节也大有可为。通过对比候选人简历内容与其在社交网络、专业社区等平台上的公开信息，AI 系统可以甄别虚假简历，提高招聘的精准度。在面试环节，智能面试系统可以基于自然语言处理和表情识别技术来分析候选人的语言表达、情绪状态等，为面试官提供更加全面、客观的参考。这些应用有效地弥补了传统招聘流程的不足，提升了人才评估的科学性和准确性。

三、数字化对高新技术产业人才面试过程的影响

(一)虚拟面试技术的应用

随着数字化浪潮的席卷,虚拟面试技术创新突破了传统面试模式的时空限制,为企业和应聘者搭建了一个灵活、高效的互动平台。在数字化环境中,虚拟面试技术通过模拟真实的面试场景,可以全方位考核应聘者的专业能力和综合素质,为企业选拔优秀人才提供了有力支撑。

虚拟面试技术的核心在于构建一个沉浸式的数字化面试空间。借助虚拟现实(VR)、增强现实(AR)等前沿技术,企业可以打造与实际工作环境高度相似的虚拟场景,让应聘者能够身临其境地感受未来的工作氛围。在这个虚拟空间中,应聘者需要完成一系列与岗位相关的任务和挑战,以此来展示自己的专业技能和问题解决能力。同时,人工智能(AI)技术的应用让虚拟面试更加智能化和个性化。AI 系统可以通过对应聘者语音、表情、肢体语言等多维度数据的分析,客观评估其沟通表达能力、应变能力、团队协作能力等关键指标,为企业提供全面、准确的参考依据。

虚拟面试技术的应用极大地提升了高新技术产业人才招聘的针对性和有效性。传统的面试模式往往会受到时间、地点等客观条件的限制,难以全面评估应聘者的实际能力。而虚拟面试则突破了这些限制,让企业能够更加灵活、高效地开展人才选拔工作。通过设计与岗位高度匹配的虚拟情景和任务,企业可以更加准确地评估应聘者的专业技能和工作潜力,从而做出更加科学、合理的招聘决策。同时,虚拟面试也为应聘者提供了一个公平、公正的展示平台。不同地域、不同背景的应聘者都能够通过虚拟面试来充分展示自己的才华和能力,这有利于消除传统招聘中的地域歧视和学历歧视,促进人才的合理流动和优化配置。

此外,虚拟面试技术在节约成本、提高效率方面也具有明显优势。传统的面试过程往往需要企业投入大量的时间和人力物力,组织多轮现场面试,差旅成本和时间成本高昂。而虚拟面试可以通过数字化手段远程完成,这大幅降低了企业的招聘成本。应聘者也无须于多地之间奔波,只需在线完成面试任务,既节约了时间,又减少了经济负担。同时,虚拟面试的数字化记录和智能分析功能,也为企业的人才管理提供了数据支撑。HR 可以通过系统生成的面试报告来快速了解应聘者的优势和不足,优化后续的人才培养和管理策略。

(二)面试反馈及评价系统的数字化

数字化技术的应用极大地提高了面试反馈的效率和质量。传统的面试反馈往往依赖于人工记录和整理,不仅耗时耗力,且容易出现遗漏或偏差。而借助数字化系统,面试官可以实时输入和保存面试者的表现数据,并通过系统自动生成全面、客观的评价报告。这不仅减轻了面试官的工作负担,也使得面试反馈更加准确、完整。同时,数字化系统还能够根据既定的评价维度和标准,对面试者的能力素质进行量化打分,避免了主观印象的干扰,提高了评价的公平性。

数字化面试反馈及评价系统的另一优势在于其强大的数据分析功能。系统可以汇总多位面试官的评价结果,通过大数据分析,挖掘出面试者的优势特质和潜力。这些洞见不仅有助于 HR 作出更加明智的招聘决策,也为面试者的职业发展提供了宝贵的参考。此外,面试数据的积累和分析还能够帮助企业优化面试流程,改进评价标准,不断提升人才选拔的科学性和有效性。

数字化时代下的面试反馈更加注重双向互动和即时反馈。借助在线平台,面试者可以及时获取面试结果和评价意见,了解自身的优缺点,并对其进行及时的调整和改进。同时,面试者也可以通过系统向面试官提供反馈,分享自己的面试体验和建议。这种双向互动不仅有利于面试者的成长,也为企业提供了完善面试环节的宝贵意见,实现了面试过程的闭环管理。

需要指出的是,尽管数字化面试反馈及评价系统具有诸多优势,但其仍不能完全取代人的作用。面试本质上是一个人与人之间的交流过程,需要面试官运用敏锐的洞察力和丰富的经验来捕捉面试者从言语和肢体中透露的信息,并给出全面、深入的评价。因此,未来的面试反馈及评价系统应是人机协同、优势互补的结合体。数字化系统负责数据的采集、分析和呈现,为人的判断提供参考,而面试官则需要根据自身专业积淀,给出更加灵活、有针对性的评价。

四、数字化对高新技术产业人才招聘渠道的丰富

(一)社交媒体在人才招聘中的新角色

社交媒体平台因其广泛的用户基础、实时的信息传递和互动性,为企业搭建了一个高效便捷的人才链接通道。企业可以利用社交媒体来精准触达目标人才群体,展示企业文化和发展前景,吸引优秀人才主动投递简历。同时,社交媒体大

数据分析技术的应用，使企业能够更全面、深入地洞察人才特征，优化招聘策略。

从被动等待到主动出击，社交媒体正在重塑高新技术产业人才招聘的模式。一方面，企业可以在社交媒体上发布招聘信息，提高职位曝光率。相比传统的招聘渠道如报纸广告、招聘网站，社交媒体能够实现更精准的受众定向，触达更多潜在的优质候选人。另一方面，社交媒体为企业提供了更多展示自身的机会。通过发布企业动态、产品信息、团队活动等，企业能够塑造一个良好的雇主品牌形象，增强自身对人才的吸引力。优秀人才不再是被动地等待企业挑选，而是会主动关注并向心仪的企业投递简历。

社交媒体大数据分析技术的应用，让企业对人才有了更全面、更立体的认知。传统的简历筛选往往会局限于学历、工作经历等硬性指标，难以深入地洞察候选人的性格特质、行为偏好等隐性信息。而社交媒体平台积累了海量用户数据，涵盖了教育背景、工作经历、社交关系、兴趣爱好等多维度信息。企业可以利用大数据分析技术，挖掘候选人在社交媒体上的行为模式，分析其性格特点、专业能力、发展潜力，从而做出更加精准的选择。

社交媒体在高新技术产业人才招聘中的应用，不仅提高了招聘效率，也促进了人岗匹配度的提升。一方面，社交媒体信息的实时性和互动性，加速了企业与候选人之间的沟通反馈。双方可以通过即时消息、视频面试等方式，快速了解彼此的需求和期望，减少因信息不对称而造成的时间成本。另一方面，借助社交媒体大数据分析，企业能够更精准地评估候选人与职位的匹配度。通过分析候选人的技能特点、个性偏好与职位要求的契合度，企业可以做出更加科学、合理的录用决策。

需要指出的是，社交媒体在为企业人才招聘带来便利的同时，也对 HR 的素质和能力提出了更高要求。HR 需要能够熟练运用社交媒体平台，建立企业官方账号，策划和发布高质量的内容，维护企业的良好形象。同时，HR 还需要掌握大数据分析技术，深入挖掘社交媒体数据的价值，洞察人才特征，优化招聘策略。这对 HR 的数字化素养和数据分析能力提出了新的挑战。

(二)专业招聘网站与行业平台的数字化转型

随着信息技术的飞速发展，传统的招聘模式已经难以满足企业对高端人才的需求。因此，越来越多的专业招聘网站和行业平台开始积极拥抱数字化，通过技术创新和模式变革，为企业和求职者搭建起一个更加高效、精准的人才匹配桥梁。

专业招聘网站的数字化转型主要体现在两个方面。一方面，这些网站利用大数据、人工智能等前沿技术,来不断优化招聘流程和用户体验。他们通过智能匹配算法,根据企业的岗位要求和求职者的个人简历,来实现精准推送和快速筛选,大大提高了招聘效率。同时,专业招聘网站还引入了在线面试、视频招聘等创新功能,突破了时空限制,为双方提供了更加灵活便捷的沟通渠道。另一方面,专业招聘网站还注重与行业生态的深度融合,打造专属于某个领域的人才服务平台。例如,一些面向IT、金融等专业领域的招聘网站,不仅可以提供职位发布和简历投递等基础服务,还整合了行业资讯、职业培训、人脉拓展等增值功能,能够为用户提供一站式的职业发展解决方案。

与专业招聘网站相比,行业平台的数字化转型更加注重生态构建和资源整合。这些平台通常由行业协会、产业联盟等组织发起,旨在为企业和人才搭建起一个交流合作的桥梁。在数字化转型过程中,行业平台一方面积极引入先进技术,优化人才招聘和管理流程,提高匹配效率和用户体验;另一方面,他们还充分发挥自身的资源优势和号召力,整合行业内的优质企业、高校、科研机构等各方力量,打造人才培养和交流的生态圈。例如,一些高新技术产业的行业平台会定期举办高峰论坛、创新大赛等活动,为企业和人才提供展示自我、互动交流的舞台。他们还积极开展产学研合作,联合高校开设订单班,为行业培养输送急需的专业人才。

专业招聘网站与行业平台的数字化转型,为高新技术产业的人才招聘注入了新的活力。一方面,数字化技术的应用大大提高了人才匹配的精准度和效率,缓解了企业"招人难"的问题。基于大数据分析和智能算法,招聘网站和平台能够根据企业的实际需求来快速锁定目标人才,并通过个性化推荐和定制化服务来提高人才的到岗率和稳定性。另一方面,专业型的人才生态圈也在数字化转型中不断完善。行业平台积极整合线上线下资源,为企业和人才搭建起更广阔的发展舞台。这既有利于高新技术企业不断获取优质人力资源,保持创新活力,也为专业人才提供了更多施展才华、实现价值的机会。

五、数字化对高新技术产业人才招聘信息安全与隐私的保护

面对日益加剧的网络威胁和数据泄露风险,企业必须采取有效措施,以确保应聘者敏感信息的安全性。加密技术是保护数据机密性、完整性和可用性的核心手段。通过对敏感信息进行加密处理,即使数据不幸泄露,也能有效防止未经授权的访问和使用。在人才招聘领域,加密技术的应用主要体现在以下几个方面:

首先,加密技术能够保护应聘者个人身份信息的安全。在简历投递、在线测

评等环节，应聘者需要为企业提供姓名、身份证号、联系方式等隐私数据。企业可以通过加密算法如AES、RSA等，对这些敏感信息进行加密存储和传输。即使数据库遭到入侵，攻击者也难以获取有效信息，从而最大限度地保护了应聘者的隐私。

其次，加密技术有助于保障人才测评数据的机密性。在人才招聘过程中，企业往往需要对应聘者进行笔试、面试、性格测试等多种形式的考察。这些评估数据对于企业选人用人具有重要价值，一旦泄露就可能会影响招聘公平和企业利益。通过对评估数据进行加密，并严格控制数据访问权限，企业能够有效防范内部人员泄密和外部攻击窃取。

最后，加密技术能够确保招聘沟通过程的安全。在人才招聘过程中，HR和应聘者需要频繁沟通，传递面试通知等重要信息。利用加密通信协议如SSL/TLS，能够在传输过程中对数据进行加密，防止中间人攻击和信息窃听。同时，数字签名技术还能够验证信息的完整性和发送方身份，避免信息被伪造和篡改。

此外，区块链等新兴加密技术在人才招聘领域也有广阔的应用前景。区块链以其去中心化、不可篡改等特性，能够实现简历信息的可信存证和验证。应聘者可以将教育背景、工作经历等关键信息上链，以供企业进行评判查验。这不仅提升了简历的真实性，也简化了背景调查流程。未来，区块链有望与人工智能等前沿技术深度融合，实现智能化、高效率的人才匹配。

在实践中应用加密技术，企业还需要注意以下几点：一是选择安全可靠的加密算法和协议，并及时更新补丁，防范已知漏洞；二是建立健全的密钥管理机制，对密钥的生成、分发、存储等进行全生命周期管理，防止密钥泄露；三是加强安全意识教育，提高员工的保密意识和技能，避免因人为因素而导致的数据泄露；四是制定完善的数据安全管理制度，明确各岗位职责和权限，并建立数据脱敏过程，以尽量减少敏感信息泄露的风险。

第三节 数字化对高新技术产业人才管理的影响

一、数字化对高新技术产业人才绩效评估的影响

(一)数据驱动的绩效评估模型

传统的绩效评估模式往往存在主观性强、时效性差、偏重结果导向等问题，难

以全面、客观地评价员工的工作表现和能力水平。而数据驱动的绩效评估模式则为破解这些难题提供了新的思路和方法。

数据驱动的绩效评估以海量的工作数据为基础，通过数据采集、清洗、分析等一系列处理，挖掘出员工在工作中的行为特征和绩效表现，形成客观、准确的评估结果。这种模式能够最大限度地减少人为因素的干扰，以确保评估过程的公平公正。同时，数据驱动的绩效评估还具有实时性的优势，管理者可以随时掌握员工的工作动态，及时发现问题并给予员工指导和帮助，有利于提升组织的管理效能。

在高新技术产业中应用数据驱动的绩效评估，首要任务是重新定义绩效指标和评价方式。传统的 KPI 指标体系往往过于单一，侧重于结果导向的量化考核，却忽视了过程管理和能力提升等因素。而在数字化时代，绩效指标应该更加多元化、动态化，既要关注员工的工作产出，也要重视其在创新能力、学习成长、团队协作等方面的表现。通过设置差异化的关键绩效指标（KPI）、平衡计分卡（BSC）等工具，可以构建起全方位、立体化的绩效评估体系。

数据驱动的绩效评估还需要应用大数据分析、人工智能等先进技术手段，深度挖掘员工工作数据中蕴藏的价值。例如，运用自然语言处理技术来分析员工的电子邮件、即时通信记录，了解其工作状态和情绪变化；利用机器学习算法建立个性化的能力模型，精准刻画员工的能力特质和提升空间；基于社交网络分析评估员工在组织中的影响力和协作水平。这些创新性的数据分析方法能够为绩效评估提供更加丰富、多元的数据支撑，提升评估的科学性和准确性。

此外，数据驱动的绩效评估还应重视员工的参与度和反馈机制。一方面，要充分尊重和信任员工，鼓励其对绩效指标、评估方式提出意见和建议，形成良性互动；另一方面，要及时将评估结果反馈给员工，帮助其准确认识到自身的优势和不足，为其制定针对性的改进措施。只有让员工成为绩效评估的主体，充分调动其主观能动性，才能真正发挥绩效评估的激励作用，进而实现组织和个人的双向发展。

（二）实时反馈与动态管理

借助大数据分析、人工智能等前沿技术，企业能够及时洞察员工绩效表现，有针对性地为员工提供反馈与指导，从而加速绩效改进和促进员工发展。

传统的绩效管理模式往往存在着滞后性和静态化的问题。年度绩效考核虽然能够对员工过去一年的工作表现做出总结评价，但难以对其日常工作给予及时反馈和动态跟踪。而数字化工具的应用，则为实现实时绩效管理提供了可能。通过对员工行为数据的采集与分析，管理者能够实时掌握员工的工作进展、能力短板等，并据此对员工给出针对性的指导和帮助。这种持续性的反馈不仅能够帮助员工及时调整工作方法，提升绩效表现，更能激发其主动性和积极性，加速自身的成长和发展。

以某高新技术企业为例，该公司引入了基于人工智能的绩效管理系统。系统通过对员工日常工作行为数据的采集和分析，构建起个性化的能力画像和绩效模型。管理者可以实时查看员工的绩效表现和能力短板，并根据系统智能推送的改进建议，为员工提供有针对性的辅导。同时，系统还能根据员工的绩效表现来自动生成奖惩方案，并为其规划个性化的职业发展路径。在该系统的支持下，员工绩效持续改进，人均产出提升了 20%，员工满意度也有了显著提高。

不难看出，实时反馈与动态管理正在成为高新技术企业人才管理的新趋势。一方面，它有助于打破传统绩效管理的时间和空间限制，构建起敏捷高效的绩效改进闭环。管理者能够根据实时数据来动态优化管理策略，员工也能够基于即时反馈来不断调整工作方法，双方可以形成互动良性循环，共同推动组织绩效的提升。另一方面，实时反馈与动态管理也为员工发展带来新的动力。个性化、精准化的辅导能够帮助员工找准短板，明确提升方向，加速能力的迭代与成长。而基于数据的职业发展规划，则为员工描绘了清晰的成长蓝图，提升了其职业成就感和组织认同感。

（三）个性化绩效改善计划

相较于传统的“一刀切”式绩效管理，个性化绩效改善计划更加注重员工的差异化需求和发展潜力，通过为员工制定量身定制的发展路径，可以助力员工实现自我价值，进而为企业发展注入源源不断的活力。

个性化绩效改善计划的优势在于，它能够充分尊重员工的个体差异，发掘每一位员工的独特才能和发展潜力。通过对员工的工作表现、能力水平、职业志向等进行全面诊断和评估，HR 可以为其量身定制切合实际的发展计划。这些计划不仅包括针对性的培训项目、导师辅导等硬性资源投入，更涵盖了职业生涯规划、晋升通道设计等软性激励措施。个性化的改善方案能够满足员工的成长需求，提升其职业满意度和工作积极性，从而形成员工与企业共同成长的良性循环。

二、数字化对高新技术产业人才发展的支持

(一)网络学习平台与知识更新

在知识更新日新月异的时代,终身学习已经成为人才保持自身竞争力的必由之路。网络学习平台突破了时空限制,为员工提供了一个灵活、便捷的学习渠道。员工可以根据自身需求,自主安排学习进度和内容,实现个性化、碎片化的知识获取。

同时,网络学习平台还集成了丰富的学习资源,涵盖了专业技能、管理能力、创新思维等多个领域。员工可以通过在线课程、视频教程、案例分析等多种形式,系统地学习行业前沿知识,跟进最新技术动向。这种持续学习有助于员工拓宽知识视野,激发创新灵感,为企业发展注入新的活力。

此外,网络学习平台还为员工搭建了交流互动的社区空间。员工可以在平台上与行业专家、资深同事进行讨论和经验分享,解决自己在工作中遇到的实际问题。这种跨部门、跨地域的交流不仅促进了知识的传播和迭代,也增强了员工的归属感和凝聚力,营造了良好的学习氛围。

网络学习平台的数据分析功能为人才发展提供了精准指导。平台可以追踪员工的学习行为和效果,识别其知识短板和成长潜力。基于大数据分析,平台可以为员工推荐个性化的学习路径和资源,帮助其有针对性地提升能力。同时,还可以为企业的人才培养战略提供决策依据,优化资源配置,提高投入产出比。

需要指出的是,网络学习平台的建设和应用离不开企业的高度重视和持续投入。企业需要将员工发展纳入战略规划,营造重视学习、鼓励创新的企业文化。同时,企业还应完善配套的激励机制,将学习绩效与职业发展相结合,调动员工的主动性和积极性。只有形成管理层和员工的合力,网络学习平台才能真正发挥促进人才持续成长的功效。

(二)人工智能与职业规划

在高新技术产业蓬勃发展的今天,人工智能技术正渐渐融入人才管理的各个环节之中,为员工职业发展规划提供智能化支持和个性化指导。智能系统利用机器学习算法和自然语言处理技术,能够分析员工的工作表现、能力特质和职业偏好,为其绘制最优的职业发展路径,向员工推荐匹配度高的岗位和培训项目,实现

人岗匹配的精准化。

传统的职业发展规划往往依赖于人力资源专员的经验和直觉，存在信息不对称和认知局限，难以全面洞察员工的发展潜力和内在诉求。而人工智能系统则能够从海量数据中捕捉关键信息，挖掘隐藏模式，为员工的职业发展决策提供更加客观、全面的依据。例如，智能系统可以跟踪分析员工的工作绩效和行为表现，识别其擅长领域和亟须提升的技能，进而为员工推送个性化的学习资源和晋升建议。同时，智能系统还能够模拟不同的职业发展情景，评估各种选择的风险收益，帮助员工做出更加理性、长远的职业规划。

人工智能还为组织的人才盘点和梯队建设提供有力支撑。智能系统可以全面盘点组织内部的人才储备，绘制人才地图，识别关键人才和高潜人才，助力组织优化人力资源配置，制定针对性的人才发展策略。基于对行业趋势和市场动态的实时洞察，智能系统还能预测组织未来的人才缺口，提前制定人才引进和培养计划，为组织的可持续发展提供人才保障。

(三)人才发展数据分析

传统的人才管理模式往往依赖于经验和直觉，难以全面、精准地把握员工的潜力和发展需求。而数字化技术的应用，使得企业能够采集、存储和分析海量的人才数据，从而洞察员工的能力特征、行为模式和职业发展轨迹，进而为人才发展决策提供科学依据。

数字化人才发展数据分析的核心在于构建完善的人才数据库。企业需要通过多渠道、多维度来收集员工信息，包括基本档案、教育背景、工作经历、绩效表现、培训记录等。同时，还要重视员工在工作中产生的行为数据，如沟通互动、任务完成、问题解决等。这些结构化和非结构化的数据，构成了全面刻画员工特征的基础。在数据采集过程中，要注重对数据质量的把控，应确保信息的准确性、及时性和完整性。

海量人才数据的价值需要通过先进的分析技术来挖掘和释放。数据挖掘、机器学习等智能算法，能够在复杂的数据中发现隐藏的模式和规律，揭示员工的潜在能力和发展潜力。例如，通过对员工历史绩效的聚类分析，可以识别出高潜力人才群体的共性特征；通过对员工行为数据的关联分析，可以洞察员工的能力短板和培养需求；通过对员工流失数据的预测分析，可以提前预警人才流失风险。数字化分析工具使得人才发展决策可以更加智能化和精准化。

数字化人才发展数据分析的应用场景十分广泛。在人才选拔方面，企业可以基于候选人的综合数据画像，评估其与岗位的匹配度，优化人岗匹配效果。在人才培养方面，可以根据员工的能力图谱和发展需求，为员工智能推荐个性化的学习资源和培训项目，实现精准赋能。在人才激励方面，可以通过数据分析识别员工的价值贡献和发展潜力，建立更加公平合理的绩效评估和薪酬激励机制。此外，人才发展数据分析还能为组织人力资源规划提供决策支持，如优化人才梯队建设、预测未来人才需求等。

三、数字化对高新技术产业员工关系的优化

（一）社交媒体与内部沟通

高新技术产业作为创新驱动发展的先锋力量，更需要借助社交媒体的力量来打破部门壁垒，促进跨领域协作，激发团队创造力。社交媒体在强化员工互动、凝聚团队合力方面具有独特优势。

首先，社交媒体能够提供一个开放、平等的交流空间。在传统的等级森严的组织结构中，员工之间的沟通往往会受到职位高低、部门划分的限制。而社交媒体则打破了这些藩篱，员工可以平等地表达观点、分享见解，上下级之间也能直接对话，拉近彼此之间的距离。这种扁平化的交流方式有利于提升员工参与感，增强工作满意度和归属感。

其次，社交媒体有助于促进跨部门、跨领域的协同创新。高新技术企业的核心竞争力在于持续不断的创新，这往往需要不同专业背景的人才之间的密切配合。通过社交媒体，研发、生产、营销等部门能够实时分享信息，交流想法，形成创意的碰撞。一个看似不起眼的灵感，经过网络的传播和发酵，就可能会成长为具有颠覆性的创新成果。

最后，社交媒体为员工搭建了展示自我、发掘潜力的舞台。通过在企业内部社交平台上分享工作心得、个人见解，员工能够获得同事和上级的认可与鼓励，增强自信心和成就感。优秀员工的事迹和经验也能得到广泛传播，成为激励他人的榜样力量。这不仅有利于唤醒员工的主人翁意识，也为企业发掘和培养优秀人才提供了渠道。

当然，对社交媒体的运用也需要把握分寸，避免过度娱乐化和碎片化。企业应制定合理的社交媒体使用规范，引导员工进行理性、深度的思想交流，将社交平台打造成一片凝聚智慧、催生创意的沃土。同时，面对面的交流仍不可或缺，社交

媒体只是沟通的辅助工具，并不能完全替代传统的团建活动、头脑风暴会等。

（二）移动办公与远程协作

移动办公与远程协作重塑了人才管理的模式和路径。在灵活多变的工作环境下，如何维系员工关系、凝聚团队力量，成为企业面临的重大课题。

移动办公打破了传统的时空界限，员工可以在任何地点、任何时间开展工作。这种自由灵活的工作方式，一方面极大地提升了员工的工作自主性和满意度；另一方面也对团队协作和沟通提出了更高要求。远程办公下，员工面对面交流的机会大大减少，容易产生疏离感和孤岛效应。因此，企业需要运用数字化工具，搭建一个高效的在线协作平台，畅通信息交流的渠道。例如，通过即时通信软件、视频会议系统等，员工可以随时进行沟通讨论，及时了解彼此的工作进展。同时，云端协同办公平台让员工能够实时共享文档、数据，提高协作效率。

在移动办公环境下，企业还应注重员工的情感联结和归属感培养。由于缺乏面对面的接触，员工很容易会产生孤独、疏离等负面情绪，影响自身的工作热情和组织向心力。为此，企业可以利用数字化社交平台来开展丰富多彩的线上团建活动，如网络知识竞赛、线上技能培训、虚拟团队聚会等，增进员工之间的交流互动。通过这些活动，员工能够感受到组织的关怀和温暖，增强对企业的认同感和忠诚度。

数字化时代，企业还需要创新员工绩效管理模式。传统的"打卡"考勤已不再适用，企业应该更加关注员工的工作产出和价值贡献。利用大数据技术，企业可以实时记录和分析员工的工作行为和绩效表现，客观评估其工作质量和效率。与此同时，企业还应建立公平合理的奖惩机制，对表现优异的员工给予物质和精神激励，调动其工作积极性。

移动办公和远程协作的普及，对管理者的领导能力也提出了新的挑战。管理者需要转变传统的"指令—控制"式领导方式，要更加注重员工的赋能和支持。通过定期的线上沟通和反馈，管理者可以及时了解员工的工作诉求和心理状态，给予员工必要的指导和帮助。同时，管理者还应营造开放包容的组织文化，鼓励员工积极创新、勇于尝试，为其提供充分的成长空间和发展机会。

（三）数字化冲突解决机制

随着大数据、人工智能等新兴技术的广泛应用，传统的员工冲突解决机制已难以适应企业发展的需求。面对日益复杂的员工关系带来的挑战，高新技术企业亟须建立起基于数字化的冲突解决新模式，以维护组织和谐，提升员工满意度和忠诚度。

数字化冲突解决机制的核心在于利用数字技术实现员工诉求的精准识别和高效响应。通过构建智能化的员工服务平台，企业可以为员工提供一条便捷的意见反馈渠道。员工可以通过移动端App、在线聊天工具等方式随时随地提出自己的诉求和建议，系统则可以基于自然语言处理、情感分析等算法自动归类和挖掘员工反馈中的关键信息，并及时将其推送至相关部门和管理者。这种数字化的诉求表达和响应机制有助于企业第一时间发现和处理员工关系问题，防患于未然。

与此同时，数字化冲突解决机制还能够助力企业实现员工关系问题的精细化管理。传统的人工排查和处理模式往往效率低下，容易遗漏隐性矛盾。而基于大数据分析的冲突预警系统则可以通过采集和分析员工行为数据、工作绩效、情绪状态等多维信息，智能预判员工间潜在的矛盾风险，并向HR部门和直属领导发出预警，以便及时进行干预和化解矛盾。同时，系统还可以利用机器学习算法，从海量历史案例中总结员工冲突的特征模式，形成冲突解决的最佳实践知识库，为管理者提供决策参考。数字化让员工关系管理从“亡羊补牢”走向“防患未然”，大幅提升了管理效能。

数字化冲突解决机制的另一大优势在于它能够为员工提供个性化的心理疏导和情绪管理服务。在高压力、快节奏的高新技术企业工作环境中，员工的心理健康问题日益凸显。传统的员工关怀计划往往缺乏针对性，难以触及员工的内心。而智能心理健康平台则可以基于员工画像，专业、及时地识别出员工的心理压力和情绪波动，主动向其推送个性化的压力舒缓方案、正念冥想练习等心理健康资源。员工还可以通过平台来与AI心理咨询师进行文字或语音对话，宣泄自身的负面情绪，并获得针对性的情绪管理建议。这种数字化赋能的EAP服务能够有效缓解员工的心理压力，预防和化解人际冲突。

数字化冲突解决机制对于促进高新技术企业的组织文化建设和员工关系升级也具有重要意义。通过可视化的员工关系网络图谱，管理者可以直观地洞察企业非正式群体结构，发现关键影响者和潜在的员工关系风险点，从而采取针对性的组织优化措施，强化组织凝聚力。员工也可以通过数字社交平台来加强横向联系，拓展个人发展网络。数字化还为丰富企业员工关系维护活动提供了新的可能，如在线团建、虚拟员工俱乐部等，这些既满足了员工社交需求，又有利于促进企业价值观的内化和传播，可以增强员工的认同感和归属感。

四、数字化对高新技术产业员工人才的激励机制

(一)基于数据的激励系统设计

传统的激励方式已经难以适应快速变化的市场环境和员工日益多元化的需求。因此,构建基于数据的激励系统,已经成为高新技术企业提升人才吸引力和凝聚力的重要举措。

数据驱动的激励系统设计首先需要建立科学、全面的绩效评估体系。通过收集和分析员工工作过程中产生的各类数据,如工作任务完成情况、创新成果产出、团队协作效率等,企业可以更加客观、准确地评估员工的工作绩效。与传统的主观评价方式相比,数据驱动的绩效评估能够最大限度地减少人为因素的干扰,确保评估结果的公平性和可信度。同时,数据分析还能够帮助企业及时发现员工的潜力和不足,并且为其提供个性化的职业发展指导和培训支持。

在绩效评估的基础上,企业还需要根据岗位特点和员工需求,为人才设计差异化的激励方案。传统的"一刀切"式激励政策显然已经无法满足高新技术产业人才的多元化诉求。通过对员工画像数据进行深入的挖掘和分析,企业可以洞察不同员工群体的价值取向和动机需求,从而为员工量身定制更有针对性的激励措施。例如,对于追求自我实现的创新型人才,企业可以为他们提供更多的科研资源支持和个人成长机会;对于注重工作生活平衡的员工,企业则可以为他们提供弹性工作制和福利保障等激励措施。

此外,数据驱动的激励系统还应重视及时反馈和动态调整。员工的需求和企业的发展目标都处在一个不断变化的过程之中,静态的激励方案难以长期保持有效性。通过建立实时的数据监测和分析机制,企业可以持续跟踪激励政策的执行效果,并根据反馈数据来动态优化和调整激励方案。这种基于数据的迭代优化,不仅能够提高激励的精准度和时效性,更能够增强员工的获得感和认同感,激发其主动性和创造力。

(二)数字徽章与员工认可

在企业人才管理实践中,通过为员工的技能、成就、贡献等授予数字化的徽章,以可视化的方式呈现员工的能力和价值,可以激励员工不断学习和成长。数字徽章所代表的不仅是一种荣誉和认可,更是员工专业能力和个人品质的体现。

从激励理论的角度来看,数字徽章的应用有助于满足员工的自我实现需求。马斯洛需求层次理论指出,个体在满足了生理需求和安全需求后,会追求自我价值的实现。数字徽章恰恰为员工提供了一个展示自我、获得认可的平台。当员工的努力和贡献得到组织的肯定和赞赏时,他们会产生强烈的成就感和自豪感,其工作积极性也会显著提升。同时,数字徽章的获得也意味着员工掌握了特定领域的专业技能,这种胜任感和自我效能感的提升,将激发出其不断挑战自我、追求卓越的内在动力。

此外,数字徽章还能够引导员工进行持续学习和能力提升。当今时代,知识和技能更新的速度越来越快,企业要保持竞争优势,员工就必须不断学习新知识、掌握新技能。数字徽章可以作为员工学习和成长的路标,引导其规划自己的职业发展路径。例如,IBM公司就建立了一套完善的数字徽章体系,将各种技术技能、软技能等按照初级、中级、高级等不同层级设置徽章。员工可以根据自己的职业发展目标,有针对性地参加培训和学习项目,逐步获得更高级别的徽章。这种清晰的成长路径,能够帮助员工明确努力的方向,激发其持续学习的热情。

数字徽章的应用也有利于营造积极向上的企业文化氛围。当员工的努力和成就得到认可和褒奖时,就会形成一种正向激励的循环。优秀员工的事迹和经验可以通过数字徽章的形式在组织内部广泛传播,成为其他员工学习的榜样。久而久之,追求卓越、勇于创新就会成为组织的共同价值观,上下一心、目标一致的团队氛围也将营造出来。这种积极向上的文化,不仅能够提高员工的敬业度和忠诚度,更能凝聚组织的向心力和战斗力。

(三)个性化福利与智能推荐

传统的员工福利体系往往采用“一刀切”的标准化模式,难以满足不同员工的个性化需求。而随着大数据、人工智能等数字技术的发展,企业已经具备了为员工提供个性化福利和智能推荐的技术基础。

通过对员工的个人特征、行为偏好、工作绩效等数据的采集和分析,企业可以精准地洞察每一位员工的福利需求。基于这些洞察,人力资源部门可以为员工量身定制个性化的福利套餐,包括弹性工作制、健康体检、培训进修、旅游休闲等多样化的选项。员工可以根据自己的喜好和需要来自主选择和搭配福利项目,享受到更加贴心和人性化的关怀。这种个性化的福利设计不仅能够提升员工的获得感和幸福感,也能够增强其对企业的认同感和归属感。

与个性化福利相配套的是基于智能算法的福利推荐机制。借助机器学习技术，企业可以分析员工的历史选择数据，挖掘其偏好模式，并结合其个人特征、绩效表现等因素，为其推荐最适合的福利组合。这种智能推荐不仅可以简化员工的选择过程，降低员工的决策成本，还能够最大限度地匹配员工的实际需求，为员工提供更加精准和有针对性的福利服务。员工在享受个性化福利的同时，也能感受到企业对其需求的关注和重视，从而更加投入和忠诚于组织。

个性化福利与智能推荐的融合应用，还能够为企业的人才管理决策提供数据支撑。通过分析员工福利选择的大数据，企业可以洞察不同员工群体的福利偏好和需求特点，并据此来优化福利政策和资源配置。比如，针对年轻员工群体偏好弹性工作制和个人成长机会的特点，企业可以加大在这些方面的投入；而针对资深员工群体更加重视健康和家庭的需求，企业则可以在医疗保健和家庭关怀等方面为这些员工提供更多支持。这种数据驱动的福利管理模式能够帮助企业更加精准地把握员工需求，不断优化福利体系，提升人才吸引力和员工满意度。

参考文献

[1]尹洁.高新技术产业创新生态系统研究[M].北京:经济管理出版社,2022.

[2]张洁,孙禄军.河北省高新技术企业国际科技合作技术创新成果案例[M].石家庄:河北科学技术出版社,2020.

[3]沈建光,金天,龚谨.产业数字化[M].北京:中信出版社,2021.

[4]鲍劲松,程庆和,张华军.海洋装备数字化工程[M].上海:上海科学技术出版社,2020.

[5]赵杰.开放环境下县域高新技术企业双元创新协同发展理论与实践[M].长春:吉林人民出版社,2021.

[6]许玲玲.高新技术企业认定与企业创新[M].北京:经济科学出版社,2022.

[7]关峻,徐静莹,林琳.高新技术产业园区创新生态系统研究[M].北京:科学出版社,2021.

[8]黄明吉.数字化成形与先进制造技术[M].北京:机械工业出版社,2020.

[9]李新功.河南省突破带动型高新技术产业创新发展研究[M].北京:中国经济出版社,2021.

[10]张丽玮.面向高新技术企业技术创新的技术威胁预警研究[M].北京:科学出版社,2023.

[11]刘湘云.科技金融与高新技术产业协同演化机理、模式及效应研究[M].北京:中国财经出版传媒集团经济科学出版社,2022.

[12]周琳琳.现代化视野下高新技术园区社会发展研究[M].北京:中国经济出版社,2023.

[13]周建斌,马英杰,洪旭.数字化核仪器中FPGA技术的应用实践[M].北京:中国原子能出版社,2020.

[14]贺佳.基于中国高新技术产业科技竞争力的税收优惠政策研究[D].保定:河北大学,2022.

[15]杨筝.经济不确定性、金融发展与高新技术产业创新增长[M].武汉:武汉大学出版社,2023.